FOKKER, SOPWITH & CO.

FOKKER, SOPWITH & CO.

Melvyn Hiscock

HEEL

IMPRESSUM
HEEL-Verlag GmbH
Hauptstraße 354
53639 Königswinter
Tel. (0 22 23) 2 30 26
Fax (0 22 23) 2 30 28

Für die Originalausgabe:
Erstveröffentlichung: 1994 by
Osprey Publishing, vertreten
durch Reed Consumer Books Ltd.,
Michelin House, 81 Fulham Road,
London SW3 6RB
England

Verantwortlich für den Inhalt:
Melvyn Hiscock

Design: Paul Kime/Ward Peacock
Partnership

Übersetzung:
Rainer Pawellek, Trendelburg

Umschlaggestaltung:
Olaf Schumacher, Bonn

Satz (Fremddatenübernahme):
Fotosatz Hoffmann, Winterscheid

Druck:
Lorenz Ellwanger, Bayreuth

Für die deutsche Ausgabe:

ISBN 3-89365-426-7

Titelseite *Geduldig wartet die Avro 504K der Shuttleworth Collection an ihrer Abstellposition auf ihren Auftritt während einer der regelmäßigen Flugvorführungen auf dem Flugplatz Old Warden. Old Warden ist einer der wenigen Flugplätze in Großbritannien, auf dem man noch das Dröhnen von umlaufmotorgetriebenen Flugzeugen hören kann, und die Avro 504K mit ihrem 110 PS starken Le-Rhône-Motor wird hier häufig zu Vorführungen eingesetzt.*

Danksagung an die Fotografen

Der Dank des Herausgebers gilt folgenden Personen, die ihre Fotos zur Illustration dieses Bildbandes beigesteuert haben: Dave Davies, Jeremy Flack, Ian Frimston, Howard Levy, Michel O'Leary, Frank Mormillo, Thierry Thomassin, Mike Vines und Richard Winslade.

Rechts *Das einzige in Großbritannien heute noch fliegende deutsche Flugzeug aus dem Ersten Weltkrieg ist die LVG C. VI der Shuttleworth Collection. Diese doppelsitzige Maschine wurde als Aufklärer und zur Gefechtsfeldbeobachtung eingesetzt; sie wird von einem 230 PS starken Benz BzIV angetrieben, der dem Piloten allerdings derart die Sicht nimmt, daß zum Rollen eine Bodenmannschaft erforderlich ist. Hier legt Shuttleworth-Chefingenieur Chris Morris gerade Hand an, um die Maschine nach einer Vorführung wieder in Position zu bringen.*

Inhaltsseite *Die R.E.8 der Royal Aircraft Factory war eigentlich als Nachfolgemodell für die B.E.2 konstruiert wurden, doch bei den Piloten war sie fast so unpopulär wie ihre Vorgängerin! Ihre Stabilität war nicht größer als die der B.E.2, was ihre Beweglichkeit bei Ausweichmanövern begrenzte; zudem hatte sie eine Tendenz zum Trudeln, wenn sie nicht zu jedem Zeitpunkt bewußt geflogen wurde, und schließlich fing sie unter Feindbeschuß schnell Feuer. Ursprünglich wurde sie von einem 150-PS-Motor des Typs RAF.4a angetrieben, bei dem es sich um eine Sechszylinder-Weiterentwicklung ds früheren RAF.1a handelte; dieses Exemplar jedoch — eines der beiden einzigen, die es noch gibt — wurde nach dem Krieg von der belgischen Luftwaffe eingesetzt und mit einem Hispano-Suiza-Motor ausgerüstet. Heute steht die Maschine im Königlich Belgischen Heeresmuseum in Brüssel neben einer Vielzahl anderer bemerkenswerter Zeitgenossinnen, zu denen beispielsweise eine SPAD XIII, eine Sopwith Camel, eine Nieuport 23, eine Sopwith „Strutter" und eine Halberstadt D.IV gehören.*

Einführung

Kaum etwas spornt die technische Entwicklung so sehr an wie der Krieg. Es ist leider eine bedauerliche Tatsache, daß der Mensch seinen größten Erfindergeist immer dann entwickelt hat, wenn es darum ging, seine Zeitgenossen auf möglichst effiziente Weise umzubringen. Betrachtet man die Luftfahrt unter diesem Aspekt, so läßt sich diese bittere Erfahrung am besten durch die technischen Fortschritte belegen, die während des Zweiten Weltkriegs erzielt wurden. In Großbritannien trieb erst der drohende Krieg die Entwicklung der Spitfire und der Hurricane voran, bis diese die Doppeldecker der dreißiger Jahre ablösten. Ganze fünf Jahre später erreichten Flugzeuge mit Kolbentriebwerken Geschwindigkeiten von fast 800 km/h, und zeitgleich wurden die ersten Düsenmaschinen in Dienst gestellt. Dieselbe Entwicklung, wenn auch nicht ganz so spektakulär, konnte man auch während des Ersten Weltkriegs beobachten. Betrachtet man die Doppeldecker der damaligen Zeit aus heutiger Sicht, so vergißt man nur allzu leicht, daß diese so zerbrechlich aussehenden Maschinen zu ihrer Zeit ebensolche High-Tech-Waffensysteme darstellten wie die Stealth-Bomber und Kampfflugzeuge unserer Tage.

In den wenigen Jahren von 1912, als erstmals ein Flugzeug zu militärischen Zwecken eingesetzt wurde, bis 1918, dem Jahr des Waffenstillstands, hatte das Flugzeug sein Gesicht gewandelt — vom Luxusspielzeug, mit denen einige ehrgeizige junge Männer ihre Zeitgenossen beeindruckten, zur effizienten Kampfmaschine, die erstaunlich wendig war und Höhen von bis zu 25.000 Fuß erreichte.

Diese Entwicklung brachte zwangsläufig auch neue Piloten hervor: Die Luftfahrt war keineswegs mehr nur ein Hobby für die Reichen, sondern wurde zu einer eigenständigen Waffengattung. Aus dem Piloten wurde nun ein Soldat, von dem erwartet wurde, daß er zum Kämpfen und Sterben bereit war — eine Auffassung, die gleichermaßen Helden und Opfer hervorbrachte. Überdies mußte ein völlig neues System von Taktiken und Verteidigungsstrategien entwickelt werden, und es entstand ein neues Vokabular, das die Beteiligten erlernen mußten.

Heute befinden sich nur noch einige wenige dieser wertvollen Originalflugzeuge in flugfähigem Zustand. Zahlreiche andere entstanden als Nachbauten, wobei — falls vorhanden — die Originalbaupläne der Hersteller zugrundegelegt und Originalmotoren und -instrumente verwendet wurden, um Flugzeuge wieder zum Leben zu erwecken, die es schon lange nicht mehr gab. Die Erbauer solcher Flugzeuge erbrachten nicht selten Meisterleistungen, um ihre Konstruktionen so zu gestalten, daß sie möglichst dieselben Flugeigenschaften wie die Originale hatten und dem staunenden Publikum die Möglichkeit boten, die alten Flugzeuge noch einmal zu sehen, zu hören und sogar zu riechen. Nachbau und Restaurierung der Flugzeuge boten und bieten aber auch die Möglichkeit, den Aufbau der Oldtimer von Grund auf kennenzulernen, die angewandten Konstruktionsprinzipien zu verstehen und ihre Weiterentwicklung während der Kriegsjahre zu verfolgen. Überdies läßt sich dabei vergleichen, nach welchen Methoden in den beteiligten Ländern vorgegangen wurde, um noch schnellere, stabilere und besser bewaffnete Flugzeuge zu bauen.

Gelegentlich wird behauptet, daß die Militärs nur langsam das Potential des Flugzeug als Waffensystem erkannten. Doch das stimmt nicht ganz, denn die Militärs förderten schon seit 1910 Versuche mit Fluggeräten, also nur sieben Jahre nach dem ersten Motorflug in Kitty Hawk und ganze zwei Jahre nach den ersten erfolgreichen Flügen in Europa. Damals waren die Flugzeuge noch zerbrechlich, untermotorisiert und nicht zu längeren Flügen in der Lage. Sie brauchten eigens hergerichtete Landefelder und geschulte Piloten — Dinge, für die eine geeignete Infrastruktur einfach noch nicht zur Verfügung stand.

Die Generäle und Admiräle der größten Militärmächte hüteten sich tunlichst davor, ihre Ressourcen durch ein Engagement bei einem Waffensystem zu binden, das sich noch nicht bewährt hatte. So blieb die Erprobung neuer Flugzeuge Privatpiloten überlassen, die — wenn sie Glück hatten — von risikofreudigen Unternehmern oder Betrieben unterstützt wurden. In Großbritannien tat sich in diesem Zusammenhang vor allem die Zeitschrift *Daily Mail* hervor: Sie setzte Preise für Strecken- und Dauerflüge aus, so z. B. den Preis für die erste Überquerung des Ärmelkanals und schließlich auch den Preis für die erste Atlantiküberquerung. Der riskante 37-Minuten-Flug von Louis Blériot von der französischen Küste nach Dover am 25. Juli 1909 und die erfolgreiche Atlantiküberquerung von Alcock und Brown lagen ganze zehn Jahre auseinander. Das macht deutlich, welchen enormen Einfluß der Erste Weltkrieg auf die Entwicklung des Flugzeugs hatte.

Inhalt

RFC und RAF

In den letzen Jahren vor Ausbruch des Ersten Weltkriegs begann die Luftfahrt allmählich, den Kinderschuhen zu entwachsen. Schon etliche Jahre zuvor – vor allem im amerikanischen Bürgerkrieg – hatte man Gasballons verwendet, in denen Späher aufstiegen, um tiefer in feindliches Gebiet sehen zu können. Einige Länder hatten auch bereits Versuche unternommen, Flugzeuge für ähnliche Zwecke einzusetzen, da diese den zusätzlichen Vorteil boten, sich frei über dem zu beobachtenden Gebiet bewegen zu können.

Das Problem, mit dem die frühen Aufklärungsflugzeuge zu kämpfen hatten, lag in ihrer mangelnden Stabilität. Die Maschinen mußten leicht genug sein, um mit den damals verfügbaren schwachen Motoren – selbstverständlich nur bei leichtem Wind – überhaupt in die Luft zu kommen, und waren dementsprechend zerbrechlich. Die Military Aircraft Trials, ein 1912 in Salisbury Plain durchgeführtes Erprobungsprogramm für Militärflugzeuge, waren ein Versuch, den technischen Stand der Luftfahrt voranzutreiben. Dabei wurden die Flugzeughersteller aufgefordert, Maschinen zur Verfügung zu stellen, die im praktischen Einsatz unter ziemlich mühseligen Bedingungen operieren konnten. Während ihre Flugleistungen vermessen wurden, mußten sie bestimmte Aufgaben – z. B. den Start von einem gepflügten Acker aus – bewältigen. Aus heutiger Sicht mögen uns die damals angelegten Kriterien eher belustigend erscheinen, aber man sollte nicht vergessen, daß die für die Manöver verantwortlichen Generäle ebenso viel Neues lernen mußten wie die Hersteller, und die gestellten Aufgaben waren nun einmal diejenigen, die nach Ansicht der Machthaber dem Szenario eines künftigen Krieges entsprachen. Sieger bei dieser Erprobungsreihe war der amerikanische Pilot und ehemalige Showman Samuel Cody, der sich in England nie-

Links *Als man beim RAF-Museum beschloß, die Sammlung um eine B.E.2 zu erweitern, mußte man feststellen, daß es nur noch ganze fünf Exemplare dieses Flugzeugs gab. Also entschloß man sich, ein sechstes zu bauen. Ausgangspunkt der Arbeiten war eine hintere Rumpfhälfte, die viele Jahre lang eingelagert gewesen war. Sie wurde in die Werkstätten von John McKenzie in Southampton gebracht, wo dieser den Rest aus Originalplänen herstellte, die heute noch im Nationalarchiv aufbewahrt werden. Interessanterweise war es für McKenzie das erste Mal, daß er Arbeiten an Flugzeugen in Holzbauweise durchführte, und man kann mit Fug und Recht behaupten, daß die Qualität der handwerklichen Arbeit diejenige aller Originale übertrifft. Selbst der Motor dieser B.E.2 ist ein Nachbau, da sich nirgends auf der Welt mehr ein RAF.1a-Originaltriebwerk beschaffen ließ. So bauten die Mechaniker in den RAF-Werkstätten in Cardington einen solchen Motor selbst, und zwar so originalgetreu, daß er von einem „echten" RAF.1a nicht zu unterscheiden ist. Was man auf diesem Foto ebenfalls gut erkennt, ist das Fehlen von Querrudern – die ersten Exemplare der B.E.2 wurden durch Verdrehen der Flügel gesteuert, so daß man auf bewegliche Steuerflächen verzichten konnte.*

Rechts *Eigentlich hatte das Museum geplant, bei der B.E.2 nach der Fertigstellung die Bespannung zur Hälfte wegzulassen, um den Besuchern einen Einblick in die innere Struktur der Maschine zu gewähren. Da die Sammlung aber schon einen teilbespannten Bristol Fighter enthielt, entschloß man sich, die B.E.2 vollständig zu bespannen. Die äußere Gestaltung der Maschine entspricht exakt derjenigen der B.E.2, die von 2nd Lt W B Rhodes-Moorehouse VC der 2. RFC-Staffel geflogen worden war. Am 26. April 1915 hatte er den Befehl erhalten, mit der B.E.2 Nr. 687 einen Bombenangriff auf den Bahnhof von Courtrai zu fliegen. Zwar verfehlte die einzige mitgeführte 100-Pfund-Bombe ihr vorgesehenes Ziel, zerstörte aber dafür die nahegelegene Bahnlinie. Für diesen Einsatz wurde Rhodes-Moorehouse das Victoria Cross verliehen, mit dem somit zum ersten Mal ein RFC- bzw. RNAS-Angehöriger des Ersten Weltkriegs ausgezeichnet wurde.*

dergelassen hatte. Seine ziemlich solide gebaute Maschine, die aus einer seiner früheren Konstruktionen abgeleitet war und von einem 120 PS starken Austro-Daimler-Motor angetrieben wurde, absolvierte alle Tests mit Leichtigkeit. Das War Office kaufte gleich nach Abschluß der Erprobungsserie zwei Maschinen, doch nur eine wurde beim Royal Flying Corps (RFC) in Dienst gestellt und schon bald wieder ausgemustert. Sie gelangte in die Obhut des Science Museum in London, wo sie noch heute zu besichtigen ist.

Viele der Flugzeuge, die in den ersten Kriegsjahren zum Einsatz kamen, waren Varianten von Mustern, die auch schon vor dem Krieg auf zahlreichen Luftfahrtveranstaltungen zu sehen gewesen waren. So waren beispielsweise die Blériots, die Farman- und die Bristol-Boxkites, die Morane-Eindecker und die deutsche Etrich-Taube zu Beginn der Kampfhandlungen im August 1914 schon seit einiger Zeit geflogen, und nur einige wenige Maschinen wurden eigens für den nun angestrebten Verwendungszweck konstruiert. In Großbritannien hatte die in Farnborough ansässige Royal Aircraft Factory damit begonnen, eine Flugzeugserie zu entwickeln, in die die gesamte verfügbare Technologie eingebracht wurde. Doch nicht alle diese Maschinen blieben den Aviateuren in guter Erinnerung. Ein Beispiel dafür ist die Royal Aircraft Factory B.E.2, wobei die Abkürzung „B.E." die Bedeutung „Blériot Experimental" hatte, womit schlicht gemeint war, daß es sich um ein „Zugpropellerflugzeug" handelte, das von der Luftschraube gezogen wurde.

Die B.E.2 war als zweisitziger Doppeldecker konstruiert worden und wurde in der Originalversion von einem 80 PS starken Renault-Motor angetrieben, der jedoch später durch einen Motor der Royal Aircraft Factory – den durch Weiterentwicklung des Renault-Motors entstandenen RAF 1a mit 90 PS – abgelöst wurde. Da die B.E.2 als Aufklärungsflugzeug eingesetzt und von relativ unerfahrenen Piloten geflogen werden sollte, wurde sie entsprechend stabil ausgelegt. Der Pilot saß im hinteren, der Kampfbeobachter im vorderen Sitz. Letzterer war von den Streben und Verspannungen im Mittelteil des Rumpfes umgeben, so daß seine Sicht stark eingeschränkt war, und als

Links *Die Avro 504 der Shuttleworth Collection war 1918 als 504K — also als Version mit Umlaufmotor — entstanden, wurde jedoch bald zu einer 504N mit einem Motor vom Typs Armstrong-Siddeley Lynx umgerüstet, kurz nachdem sie an die neugegründete Royal Air Force übergeben worden war. Später befand sie sich zeitweise im Besitz von Captain Percival Phillips, einem weithin bekannten Piloten, der sie in seiner Firma Air Publicity zum Bannerschlepp einsetzte. Selbst während des gesamten Zweiten Weltkriegs kam sie bei der RAF noch einmal zu Dienstehren, als sie zusammen mit einigen anderen altehrwürdigen Flugzeugen dieses Typs zum Schleppen von Segelflugzeugen eingesetzt wurde. 1951 wurde sie in einer Ecke der ehemaligen Airspeed-Flugzeugwerke auf dem Flughafen von Portsmouth wiederentdeckt und von Avro-Auszubildenden gemäß den ursprünglichen 504K-Spezifikationen restauriert, wobei sie einen 110-PS-Le-Rhône-Motor erhielt. Bald nachdem sie wieder flog, wurde sie bei den Dreharbeiten zum Film* Reach for the Sky *verwendet, der den Auftakt zur bewegten Karriere von Sir Douglas Bader bildete. Auf diesem Foto vom September 1985 schwebt die Maschine gerade zur Landung auf dem Flugplatz Old Warden ein. Hier — unmittelbar an der Platzgrenze — finden sich regelmäßig große Menschenmassen ein, um sich die Oldtimer-Show anzusehen — kostenlos, versteht sich! Dabei wäre ihre finanzielle Unterstützung höchst willkommen, um die „Old Lady" flugfähig zu halten.*

spätere Versionen mit Maschinengewehren ausgestattet wurden, war auch das Schußfeld begrenzt, wollte der Schütze nicht Gefahr laufen, sein eigenes Flugzeug zu treffen. Von daher wäre es günstiger gewesen, die Sitzpositionen einfach zu vertauschen, aber andererseits ist es einfacher, ein Flugzeug zu konstruieren, bei dem der Pilot hinten sitzt, während die ggf. mitzuführende Last — in diesem Fall der Kampfbeobachter — möglichst in der Nähe des Schwerpunkts angeordnet ist. Verschiedene Nachfolger der B.E.2, so z. B. der Bristol Fighter und die D.H.4, wurden bereits so konstruiert, daß der Pilot vorn saß, was sicherlich in schlechten Erfahrungen mit der B.E.2 begründet lag. Sie flogen stets mit einem Kampfbeobachter bzw. Bordschützen auf dem hinteren Sitz — oder mit entsprechendem Ballast, um die zulässige Schwerpunktlage einzuhalten.

Paradoxerweise wurde die B.E.2 von vielen als „zu stabil" kritisiert, womit gemeint war, daß sie, wenn sie von feindlichen Maschinen angegriffen wurde, sehr schwierig zu handhaben war — eine Eigenschaft, mit der sie sich den Spitznamen „Fokker Fodder" einhandelte, was soviel wie „Fokker-Futter" bedeutet. Doch auch dieses Problem war nicht der B.E.2 selbst anzulasten, da sie ja vor dem Krieg als reine Beobachterplattform konzipiert worden war und sich im Hinblick auf ihre Konstruktion und Flugleistungen nicht wesentlich von anderen Maschinen unterschied, die aus dem Jahr 1913 stammten. Das Problem der B.E.2 bestand einfach darin, daß sie als Maschine mit derart dürftigen Flugleistungen viel zu lange im Einsatz und in der Produktion blieb: Die letzten Maschinen dieses Musters verließen noch 1918 das Werk!

Auch andere Hersteller waren eifrig mit der Entwicklung von Flugzeugen für rein militärische Einsätze beschäftigt, darunter einige, deren Namen später selbst Nichtpiloten geläufig sein sollten. So baute die Bristol Aircraft Company die „Scout", einen kleinen, schnellen Einsitzer, dessen Bewaffnung zunächst nur aus den Handfeuerwaffen des Piloten bestand. A.V. Roe stellte in Manchester die Avro 504 her, eines der exzellentesten Flugzeuge der Luftfahrtgeschichte. Die 504 wurde sowohl von der Admiralität als auch vom War Office beschafft, um beim Royal Naval Air Service

Rechts *Das älteste noch flugfähige Originalexemplar der Avro 504 gehört heute dem amerikanischen Kunstflugstar Kermit Weeks. Es wurde 1916 zunächst als 504J-Version gebaut, aber anschließend wie viele andere nach den 504K-Spezifikationen umgerüstet. Normalerweise wird die Maschine von einem Sternmotor angetrieben, kann aber im Bedarfsfall auch problemlos mit einem Umlaufmotor bestückt werden. Für ein Flugzeug ihrer Epoche ist die 504 relativ leicht zu fliegen; lediglich bei der Landung ist wegen des schmalen Fahrwerksradstands besondere Sorgfalt geboten. Damit die Tragflächen beim Aufsetzen nicht beschädigt werden, befinden sich Schutzbügel unter den Flügelspitzen der unteren Tragflächen. Die lange Kufe unter dem Fahrwerk sorgt dafür, daß die Maschine beim Start vom Piloten nicht „überdrückt" werden kann, was Beschädigungen am Propeller zur Folge hätte. Besonders die letztgenannte Schutzvorrichtung dürfte sich während der langen und abwechslungsreichen Laufbahn der 504 als Schulmaschine oft genug bezahlt gemacht haben.*

(RNAS) bzw. beim Royal Flying Corps (RFC) in Dienst gestellt zu werden. Diese von einem 80-PS-Gnôme-Motor angetriebene Maschine zeichnete sich durch ihre stabile und dennoch leichte Bauweise aus. Die 504 machte zu ersten Mal von sich reden, als drei Flugzeuge dieses Musters im November 1914, jede mit vier 20-Pfund-Bomben beladen, die Hangars der Zeppelin-Werke in Friedrichshafen angriffen. Sie erzielten mehrere Volltreffer, und bei dem nachfolgenden Brand wurde ein voll mit Gas gefüllter Zeppelin zerstört, der sich im Hangar befand. Später wurde die 504 auch als Nachtjäger zur Verteidigung von London eingesetzt. Dennoch war sie ein Schulflugzeug, und als solches erreichte sie durch ihren Einsatz in der School of Special Flying in Gosport (Hampshire) ihre größte Bekanntheit. Nach dem Krieg wurde sie als Attraktion bei fliegenden Wanderschaustellern einer größeren zivilen Öffentlichkeit bekannt.

Während ihres militärischen Einsatzes wurde die Avro 504 mit fast allen Motoren bestückt, die damals verfügbar waren, so z.B. mit Umlaufmotoren von Clerget, Le Rhône und Gnôme, mit Sternmotoren von A. B. C. und Armstrong-Siddeley und sogar mit Reihenmotoren. 1940 starteten einige der späteren Typen 504N, angetrieben von Motoren des Typs Armstrong-Siddeley Lynx, zu ihren letzten militärischen Missionen — zum Schleppen von Segelflugzeugen.

Im Verlauf des Krieges wurde klar, daß die gegnerischen Luftstreitkräfte versuchen würden, den Feind an der Durchführung von Aufklärungsflügen zu hindern, indem die dafür eingesetzten Flugzeuge entweder mit Flugabwehrgeschützen („anti aircraft guns", im Ersten Weltkrieg auch als „Ack-Ack" bezeichnet, entsprechend dem Buchstaben „A" aus dem damaligen phonetischen Alphabet) oder von anderen Flugzeugen aus beschossen wurden. Diejenige Seite, die so die Luftüberlegenheit errungen hatte, konnte beliebig viele Aufklärungsflüge unternehmen. Diese Erkenntnis stellte sich schon früh ein und geriet im Laufe der Geschichte nur ein- oder zweimal in Vergessenheit. Zuletzt bewährte sich diese Grundregel der Luftkriegsführung im Golfkrieg von 1991.

Oben *Ende der siebziger Jahre ließ die Firma Leisure Sport eine Reihe von Oldtimer-Nachbauten für ihren Freizeitpark in Surrey anfertigen. Einige dieser Maschinen waren von vornherein als reine Ausstellungsstücke für den im Park aufgebauten Feldflugplatz aus dem Ersten Weltkrieg konzipiert worden; andere jedoch waren flugfähige Nachbauten. Die D.H.2 im Bild oben wurde von Vivien Bellamy auf dem Flugplatz Land's End in Cornwall im Auftrag der Firma Leisure Sport konstruiert und gebaut, die ihre Flotte von Vorführflugzeugen um eine Maschine mit Druckpropeller erweitern wollte. Die einzigen bekannten Herstellerbaupläne für die D.H.2 bestehen aus zwei Gesamtansichten, so daß Bellamy das Flugzeug praktisch neu konstruieren mußte. Dabei sah Bellamy als Antrieb einen 120-PS-Sternmotor vom Typ Le Blond vor. Nachdem man sich bei Leisure Sport in den achtziger Jahren zum Verkauf der Flugzeuge entschlossen hatte, wurde die D.H.2 kurzzeitig in einem Film über den Ersten Weltkrieg verwendet, bevor sie in die Hände von Brian Woodford gelangte, der eine ganze Kollektion von De-Havilland-Flugzeugen besitzt und dessen Vater die D.H.2 im Ersten Weltkrieg geflogen hatte.*

Rechts *Die F.E.8 der Royal Aircraft Factory (wobei „F.E." für „Farman Experimental" steht, was auf das Pusher-Konzept hinweisen sollte) sah von außen ähnlich aus wie die D.H.2 und war das letzte einsitzige Kampfflugzeug dieser Bauweise, das vom RFC geflogen wurde. Der Nachbau einer F.E.8 gestaltete sich für Cole Palen aus New York wesentlich einfacher als der einer D. H. 2, da fast alle Baupläne für die F.E.8 noch existieren. Der von einem Le-Rhône-Umlaufmotor angetriebene Palen-Nachbau flog regelmäßig auf dem Flugplatz Old Rheinbeck. Nach dem allzu frühen Tod von Palen im Jahr 1994 wurde ein Förderverein gegründet, der die erste und reichhaltigste Flugzeugsammlung der USA zum Gedenken an einen Mann fortführen soll, der enorme Energien aufgewendet hat, um die Oldtimer einer breiten Öffentlichkeit näherzubringen.*

Um die Flugzeuge der Gegenseite erfolgreich von ihrer Mission abzuhalten, mußten die eigenen Maschinen mit Bordkanonen ausgerüstet werden. Die ersten Kampfflugzeuge — oder „Aufklärer“, wie sie damals hießen — besaßen überhaupt keine eingebauten Waffen, sondern waren auf die kleinen Handfeuerwaffen des Piloten angewiesen, die natürlich keine nennenswerte Treffsicherheit erzielten. Eine einzige 9-mm-Kugel genügte, um in der Bespannung der getroffenen Maschine ein Loch zu hinterlassen, das anschließend auf dem Fliegerhorst sorgfältig mit einem Flicken ausgebessert werden mußte, um die frühere Pracht des Flugzeugs wiederherzustellen. Daß einmal ein lebensnotwendiges Teil der Maschine oder gar der Pilot selbst getroffen wurde, war hingegen unwahrscheinlich, denn jeder der Aviateure versuchte natürlich, seine Maschine in eine günstige Schußposition zu bringen. Es lag also auf der Hand, daß derjenige Pilot die besseren Chancen hatte, ein möglicherweise wichtiges Teil der gegnerischen Maschine zu treffen, der in derselben Zeit mehr Schüsse abgeben konnte. Folgerichtigerweise wurden daher die Flugzeuge bald mit Maschinengewehren bestückt.

Ein Maschinengewehr ist ziemlich schwer und hat dementsprechend nachteilige Auswirkungen auf die Leistungen des Flugzeugs, in das es eingebaut ist. Zudem ist es nicht gerade einfach, ein Ziel anzuvisieren, vor allem dann, wenn man selbst in einem Flugzeug sitzt und schon genug damit zu tun hat, den Geschossen eines Gegners auszuweichen. Doch im Laufe der Zeit wurden immer leistungsfähigere Motoren verfügbar, und auch die Konstrukteure fanden so manchen Kniff, um ihre Flugzeuge größer und stabiler auszulegen. So entstanden schließlich Maschinen, die auch das zusätzliche Gewicht des Maschinengewehrs bewältigen konnten; gleichwohl wurde das Zielen nicht nennenswert vereinfacht.

Eine Möglichkeit, gleichzeitig ein Flugzeug zu manövrieren und mit dem Maschinengewehr zu zielen, besteht darin, die beiden Aufgaben auf zwei Besatzungsmitglieder zu verteilen. Das aber bringt nicht nur eine weitere Gewichtserhöhung mit sich, sondern wirft auch die Frage auf, wie die beiden Crewmitglieder ihre Arbeit koordi-

Links *Die Pusher-Flugzeuge mochten zahlreiche Nachteile haben; ihr unbestrittener Vorteil aber war, daß sie dem Piloten eine exzellente Sicht nach vorn boten. Mit dem Aufkommen zuverlässigerer Sperrgetriebe ging dieser Vorteil verloren: Der Pilot saß wieder hinter dem Motor und hinter den Tragflächen, wodurch sein Sichtfeld stark eingeschränkt wurde. Geoffrey de Havilland, Chefkonstrukteur der Aircraft Manufacturing Factory (AIRCO) in Hendon, konstruierte deshalb seine D.H.5 so, daß der Pilot immerhin vor der Flügelnase der oberen Tragfläche saß. Damit dennoch die richtige Schwerpunktlage eingehalten werden konnte, mußten die Tragflächenpaare um mehr als einen halben Meter gegeneinander versetzt angeordnet werden. Dies verbesserte zwar die Sicht nach vorn, schränkte aber leider die ohnehin schlechte Sicht nach hinten weiter ein. Da viele Jagdflieger die Taktik bevorzugten, den Gegner von hinten anzugreifen, kam die Maschine den Wünschen ihrer Piloten verständlicherweise nicht gerade entgegen. So wurde die D.H.5 schließlich vor allem für Bodenangriffe eingesetzt, wobei sie relativ erfolgreich war. Der hier gezeigte Nachbau entstand in den achtziger Jahren bei John Baptist Shively in Florida und unterscheidet sich vom Original dadurch, daß er einen Stahlrohrrumpf aufweist und mit einem modernen 150-PS-Lycoming-Motor ausgerüstet ist. Hier überfliegt die Maschine gerade Lake Guntersville (Alabama), gesteuert von Frank Ryder, der das nahegelegene Replica Fighter Museum in Guntersville unterhält.*

Rechts *Die einfache Bezeichnung Sopwith „LCT“ stand für „Land, Clerget, Tractor“ und bedeutete, daß es sich a) nicht um ein Wasserflugzeug handelte, daß die Maschine b) von einem Clerget-Umlaufmotor angetrieben wurde und daß sie c) mit einem Zugpropeller ausgestattet war. Wie bei vielen Sopwith-Flugzeugen, dürfte aber auch bei der „LCT“ ihr Spitzname der bekanntere sein. Diese Maschine hieß in englischen Fliegerkreisen „One-and-a-half-Strutter“, womit auf die ungewöhnliche Anordnung der Streben (= struts) im Mittelteil der Maschine angespielt wurde. Eine Besonderheit der LCT bestand nämlich darin, daß die Beplankung der oberen Flügel über Streben miteinander verbunden und nicht — wie sonst üblich — an einer separaten Tragwerkskomponente im mittleren Rumpfbereich montiert war. Die „Strutter“ gehörte zu den erfolgreicheren Flugzeugen des Ersten Weltkriegs und wurde beim RFC und vom RNAS als Aufklärer für allgemeine Einsätze, als leichter Bomber und sogar als einsitzigess Jagdflugzeug verwendet. Sie wurde auch in Frankreich in Lizenz gebaut und an die amerikanischen und russischen Luftstreitkräfte geliefert. Das hier gezeigte Exemplar des RAF-Museums ist ein von Viv Bellamy angefertigter Nachbau, der ungefähr zu dem Zeitpunkt fertiggestellt wurde, an dem sich die Firma zum Verkauf ihrer Flugzeuge entschloß. Bezeichnenderweise war diese Maschine nur anderthalb Stunden in der Luft (sozusagen „eine Stunde pro Strebe“), bevor sie ins Museum von Hendon wanderte.*

nieren müssen, damit die Bordwaffen schließlich exakt auf den Feind ausgerichtet sind.

Offensichtlich ist es einfacher, wenn der Pilot mit seinem fest eingebauten Maschinengewehr sein Ziel anvisiert, wobei das Gewehr vorzugsweise parallel zur Flugzeuglängsachse ausgerichtet ist, so daß der Pilot einfach mit dem ganzen Flugzeug zielt. Problematisch war nur, daß die damaligen MGs sehr oft zu Ladehemmungen neigten und deshalb ständig vom Piloten überwacht werden mußten. Aus diesem Grund konnten sie auch nicht — wie bei vielen Maschinen aus dem Zweiten Weltkrieg üblich — in den Tragflächen untergebracht werden, da sie dort außerhalb der Reichweite des Piloten gewesen wären.

Ein zweites Problem bestand darin, daß man auch nicht durch die Propellerkreisfläche feuern konnte, ohne Gefahr zu laufen, dabei die Propellerblätter zu zerstören. Also mußten die Konstrukteure entweder die MGs seitlich neben der Propellerkreisfläche anordnen (wobei der Pilot dafür geschult werden mußte, diesen Versatz beim Zielen zu berücksichtigen), oder sie mußten eine Druckschraube verwenden, um dem Piloten freie Sicht und ein freies Schußfeld nach vorn zu verschaffen. In Großbritannien wurde eine ganze Reihe solcher „Pusher“-Konzepte realisiert, so z. B. die Vickers Gunbus, der Doppelsitzer F.E.2 und der Einsitzer F.E.8, beide von der Royal Aircraft Factory, und die AIRCO D.H.2, eine Konstruktion des jungen Geoffrey de Havilland, der später weltberühmte Konstruktionen folgen sollten, darunter die Flugzeugserie „Moth“, das Rennflugzeug „Comet“, das 1934 das Luftrennen von England nach Australien gewann, der im Zweiten Weltkrieg so erfolgreiche Kampfbomber „Mosquito“ und die „Comet“, das erste Düsenverkehrsflugzeug der Welt.

Die Pusher-Konstruktionen waren eine Zeitlang erfolgreich, hatten aber den Nachteil, daß sie allgemein langsamer waren als Flugzeuge mit vergleichbarer Motorleistung, aber konventionellem Antrieb. Dieser Umstand war darauf zurückzuführen, daß die vielen zusätzlichen Streben und Verspannungen, die für eine stabile Verbindung zwischen Heck und Zelle erforderlich waren, viel Luftwiderstand erzeugten.

Oben *Die Sopwith „Pup", so genannt, weil sie wie ein „Junges" der größeren „Strutter" wirkte, ist in den Originaldokumenten von Sopwith als „80 hp Le Rhône Scout" erwähnt. Wegen der günstigen Kombination aus geringem Gewicht und reichlich Flügelfläche ließ sie sich sehr angenehm fliegen, und viele Originalflugzeuge und Nachbauten haben sich bis heute erhalten. Die Pup der Shuttleworth Collection wurde ursprünglich als Sopwith „Dove" (also als doppelsitzige Nachkriegs-Weiterentwicklung der Pup) gebaut und erst vor einigen Jahren nach den militärischen Originalspezifikationen umgerüstet. Heute fliegt sie mit der Bemalung des 3. RNAS-Geschwaders und ist regelmäßiger Stammgast bei den Airshows, die im Sommer auf dem Flugplatz von Old Warden veranstaltet werden.*

Rechts *Seit die „Strutter" von Viv Bellamy nicht mehr im aktiven Flugbetrieb steht, muß man schon nach Amerika reisen, um ein noch fliegendes Exemplar zu beobachten. Das Foto zeit Javier Arango am Steuer seines von einem Warner Scarab angetriebenen „Strutter"-Nachbaus während eines Formationsfluges zusammen mit Chuck Wentworth in seinem Fokker-Dr.1-Nachbau und Merlin Call in einer SE.5a, die ebenfalls Javier Arango gehört. Javier Arango ist ganz offensichtlich ein Oldtimer-Enthusiast, denn außer diesen beiden Maschinen besitzt er noch Nachbauten der Sopwith Pup, der Fokker D. VII und der Pfalz D. III.*

Nachteilig war auch, daß der Pilot weitgehend ungeschützt und im Falle einer Bruchlandung nicht nur der vollen Aufschlagenergie ausgesetzt war, sondern auch noch vom Motor getroffen wurde, der sich aus seiner Verankerung in der Zelle löste. Auch im Luftkampf fehlte dem Piloten eines Flugzeugs mit Druckschraube jeglicher Schutz: Der Angreifer brauchte nur direkt von vorn anzufliegen, wobei der Pilot keinen schützenden Motorblock vor sich hatte, der eventuelle Geschosse hätte ablenken können.

Fok DRI 157
SOPWITH
AVIATION Company Ld
KINGSTON ON THAMES
N5505

Links *Mitte der sechziger Jahre entdeckte der pensionierte Marineoffizier Desmond St Cyrien in einer Scheune in Lincolnshire die Überreste von zwei Pups und einer Camel nebst einer Menge Ersatzteile. Nachdem er seinen Fund bis zur letzten Schraube aufgekauft hatte, begann er mit dem Wiederaufbau der ersten Pup, den er Anfang der siebziger Jahre vollendete. Am 30. Juni 1974 überführte er die Pup nach Old Warden, wo er – wie dieses Foto zeigt – von dem Exemplar der Shuttleworth Collection in Empfang genommen und zum Flugplatz geleitet wurde. Das Steuer der Maschine von St Cyrien befindet sich hier in den erfahrenen Händen des inzwischen verstorbenen Neil Williams, während die N5180 von Staffelführer „Dickie" Martin geflogen wird. Desmond St Cyrien verkaufte die Pup später an Doug Arnold, den bekannten Warbird-Sammler, der sie wiederum beim RAF-Museum gegen eine Spitfire eintauschte. Damit verfügte das RAF-Museum jetzt zwar auch über eine weitgehend originalgetreue Sopwith Pup, doch dürfte sie sich wohl nie wieder in die Luft erheben.*

Diesem Problem widmeten sich auch Flugzeugkonstrukteure in anderen Ländern. Der berühmte französische Pilot Roland Garros, der als erster das Mittelmeer in einem Eindecker vom Typ Morane H überquert hatte, rüstete den Propeller seiner Morane N mit stählernen Abweisern für anfliegende Geschosse aus. Nicht nur ihm selbst kam diese geniale Erfindung zugute; auch viele andere Flugzeuge vom Typ Morane N, von denen einige in britischen Diensten standen, erhielten diese Geschoßabweiser. Doch es dauerte nicht lange, und Garros mußte in feindlichem Gebiet notlanden, wobei seine modifizierte Maschine von den Deutschen beschlagnahmt wurde. Der komplett geänderte Propeller wurde eingehend inspiziert, und der niederländische Flugzeugkonstrukteur Anthony Fokker, der für die Deutschen arbeitete, erhielt den Auftrag, eines seiner Flugzeuge mit einer ähnlichen Vorrichtung auszustatten.

Fokker ging noch einen Schritt weiter, indem er eine Idee aus der Vorkriegszeit wieder aufgriff, die von fast allen außer acht gelassen worden war, nämlich die Synchronisation von Propeller und Maschinengewehr. Durch diese Maßnahme, bei der das Auslösen des Maschinengewehrs über ein einfaches Sperrgetriebe gesteuert wurde, konnte er nachweisen, daß es möglich war, durch die Propellerkreisfläche zu schießen, ohne daß eine Kugel die Propellerblätter berührte. Ein Prototyp dieser Vorrichtung wurde im Prototypen eines neuen Fokker-Eindeckers installiert, der in mancherlei Hinsicht aus der Morane H abgeleitet war. Dabei handelte es sich um ein einfaches Flugzeug mit einem Stahlrohrrumpf und Tragflächen in Holzbauweise. Angetrieben wurde es von einem Oberursel-Umlaufmotor mit 80 PS Leistung, einem Nachbau des französischen Gnôme-Motors. Die Bewaffnung bestand aus einem einzigen Maschinengewehr, das vor dem Piloten angeordnet war.

Fokker selbst führte die Maschine dem Kaiserlichen Oberkommando des deutschen Heeres vor. Dieses verlangte (angeblich!) von Fokker, die Stärke des Systems durch den Abschuß eines Flugzeugs der Alliierten an der Front nachzuweisen. Ob das nun wahr ist oder nicht – fest steht, daß die neue Fokker für die Piloten an der Front klare Vorteile brachte, und so gab das Militär unverzüglich die Serienproduktion des

Rechts *Die einfache, aber recht ansprechende Linienführung der Pup kommt auf diesem Foto besonders gut zur Geltung, auf dem das Exemplar der Shuttleworth Collection während seiner Zeit als „N5180“ zu sehen ist. Zwar war die Pup mit nur 80 PS recht schwach motorisiert, aber wegen ihres extrem geringen Gewichts erzielte sie dennoch beachtliche Steigleistungen. Da sie außerdem sehr wendig war, war sie den deutschen Flugzeugen dieser Zeit in jeder Hinsicht überlegen. Trotz ihrer sehr geringen Abmessungen war sie außerdem überraschend stabil. Die Pup wurde sowohl vom RFC als auch vom RNAS als Land- und Wasserflugzeug eingesetzt, und zum Zeitpunkt des Waffenstillstands standen noch 800 von ihnen im militärischen Einsatz, da es nur wenige Flugzeuge mit ihren Leistungen, vor allem in größeren Höhen, aufnehmen konnten.*

Systems in Auftrag. Die wichtigste Serienversion – die E.III – unterschied sich vom Prototypen vor allem dadurch, daß sie mit einem 100 PS starken Oberursel-UI-Umlaufmotor ausgestattet war. Sofort nach ihrer Indienststellung begann das neue Flugzeug, sich einen Namen als Kampfmaschine zu machen. Es war relativ wendig und schoß die weniger beweglichen und schwächer bewaffneten Maschinen der britischen und französischen Luftstreitkräfte gleich reihenweise ab.

Doch wie bei allen kriegsbedigten Neuerungen dauerte es nicht lange, bis auch die Alliierten eine wirkungsvolle Synchronisation entwickelt hatten, und mehrere Maschinen aus dem Jahr 1916 sollten zu Klassikern dieser Epoche werden.

So entwarfen die Konstrukteure der in Kingston-upon-Thames ansässigen Firma Sopwith im Auftrag des RNAS ein einsitziges Aufklärungsflugzeug. Dabei entstand ein attraktiv aussehender Doppeldecker mit einem 80 PS starken Le-Rhône-Motor und einem vor dem Pilotensitz eingebauten Vickers-Maschinengewehr. Er erhielt – allerdings nie offiziell – den Beinamen „Pup“, was soviel wie „Junges“ bedeutet. Ihren baldigen Erfolg verdankte sie ihrer enormen Wendigkeit und Robustheit, und viele ehemalige RFC- und RNAS-Piloten rühmten die Sopwith Pup als das gelungenste Flugzeug dieser Ära, was die allgemeinen Flugeigenschaften anging. Hinzu kam ihre große Dienstgipfelhöhe: Durch die große Flügelfläche war sie auch noch in Höhen flugfähig, in denen andere Flugzeuge beider Seiten wegen der dünnen Luft nur noch schwer beherrschbar waren. Selbst nachdem dieses Muster im Fronteinsatz bereits durch Nachfolgekonstruktionen abgelöst worden war, wurde die Pup noch bei Luftangriffen auf feindliches Gebiet geflogen, um den eigenen Maschinen Deckung zu geben.

In Frankreich stellte Nieuport die Nieuport 17 her, eine vergrößerte Version des Vorgängertyps Nieuport XI Bébé. Die „17“ war mit einem 110 PS starken Le-Rhône-Umlaufmotor ausgestattet und wurde im Sommer von RNAS und RFC sowie der französischen Luftwaffe in Dienst gestellt. Sie erfreute sich wegen ihrer Wendigkeit und ihrer hervorragenden Steigleistungen bald großer Beliebtheit. Viele Maschinen dieses Typs waren zusätzlich mit einem Lewis-Maschinengewehr ausgerüstet, das auf einer Haltevorrichtung über der Mitte der oberen Tragfläche montiert war. Es wurde im Flug zum Wechseln der Munitionstrommel herabgelassen, konnte aber in dieser Position auch abgefeuert werden.

Albert Ball, das berühmte britische Fliegeras, entwickelte mit der von ihm bevorzugten Nieuport 17 die Taktik, sich an einen Feind von unten und aus dem hinteren Sektor heranzuschleichen, so daß er ständig im toten Winkel des Feindes flog. Von unten gelang es ihm meistens, das ahnungslose Opfer abzuschießen, das vielfach keine Möglichkeit hatte, auch nur einen einzigen Schuß abzugeben. Dieses Verfahren wurde auch im Zweiten Weltkrieg angewandt, als deutsche Nachtjäger mit nach oben gerichteten 20-mm-Kanonen — der sogenannten *Schrägen Musik* — so manchem schweren Bomber der Royal Air Force den Garaus machten.

Eine weitere französische Konstruktion, die sich als sehr erfolgreich erweisen sollte, war die SPAD VII. Im Gegensatz zu vielen anderen Maschinen der Alliierten wurde diese Maschine von einem wassergekühlten Hispano-Suiza-V8-Motor mit 150 PS angetrieben. Der schwerere Motor bedingte zwar ein höheres Gesamtgewicht der SPAD, doch dafür war die Maschine sehr robust ausgelegt und erreichte bei Sturzflügen eine enorme Geschwindigkeit. Auch die SPAD stand beim RNAS, beim RFC und bei der französischen Luftwaffe bis zum Kriegsende im Einsatz und flog zuletzt Seite an Seite mit ihrer Nachfolgerin, der SPAD XIII.

Auf beiden Seiten schritt die technische Entwicklung rasant voran. Der Fokker-Eindecker wurde an der Front schon bald mit neuen, überlegenen Gegnern konfrontiert und durch eigene Nachfolger — so z. B. den ersten der neuen Albatros-Doppeldecker, die D.II — abgelöst. Der Konstrukteur der Albatros, Robert Thelen, gab das damals weitverbreitete Konzept des Umlaufmotors auf und entschied sich statt dessen zum Einbau eines wassergekühlten Mercedes-Sechszylinder-Reihenmotors mit beachtlichen 160 PS, der allerdings größer und schwerer war. Um diesen Gewichtsnachteil auszugleichen, konstruierte Thelen ein aerodynamisch „sauberes“ Flugzeug mit einem Sperrholzrumpf in Halbschalenbauweise, während andernorts noch das Konzept des stoffbespannten und intern verstrebten Stahlrohrrumpfes favorisiert wurde. Da die Sperrholzbeplankung einen Teil der im Flug auftretenden Belastungen aufnehmen konnte, entstand eine sehr stabile Maschine, die wegen des teilweise in den Rumpf integrierten Motors wesentlich weniger Luftwiderstand erzeugte als viele ihrer Zeitgenossen.

Die Albatros D.II war außerdem für den Einbau eines Zwillingsmaschinengewehrs ausgelegt, da Thelen die Theorie vertrat, daß ein schwereres Flugzeug mit stärkerer Bewaffnung den leichteren und wendigeren französischen und britischen Maschinen schon durch seine höhere Feuerkraft überlegen sein müsse, und die Erfahrungen mit dem neuen Flugzeugtyp über der Westfront bestätigten diese Erwartung. Unter den ersten Piloten des neuen Kampfflugzeugs waren Oswald Boelcke, der vielleicht vorausblickendste Luftkriegstaktiker des Ersten Weltkriegs, und Manfred von Richthofen, der später als „Roter Baron“ zur Legende werden sollte und mit seiner Albatros D.II Major Lanoe Hawker VC vom Himmel holte, einen der führenden RFC-Jagdflieger dieser Zeit, der eine D.H.2 flog.

Eines der richtungweisendsten Flugzeuge dieser Epoche war eine weitere Entwikkung aus dem Hause Sopwith, nämlich ein für die Admiralität hergestelltes neues Kampfflugzeug, das in den RNAS-Staffeln eingesetzt werden sollte. Dabei handelte es sich um einen nach wie vor nur mit einem einzigen Maschinengewehr ausgestatteten Dreidecker, der von einem 130-PS-Clerget-Umlaufmotor angetrieben wurde. Dieses neue Flugzeug zeichnete sich durch eine bemerkenswerte Steigrate und große Wen-

Oben rechts *Nach dem Verkauf der ersten Pup von Desmond St Cyrien wurde die Restaurierung der zweiten in Angriff genommen, aber erst ein volles Jahrzehnt später abgeschlossen. Kurz vor Abschluß der Arbeiten war Sir Thomas Sopwith auf das Projekt aufmerksam geworden, und St Cyrien bat ihn, das Leitwerk mit seiner Unterschrift zu krönen, die auf diesem Foto über dem Sopwith-Firmenlogo zu erkennen ist. Die abgebildete Pup ist noch heute flugfähig und steht im Museum of Army Flying von Middle Wallop (Hampshire), wo sie noch sehr häufig zu Vorführungsflügen startet. Einer der Höhepunkte in der Laufbahn dieser Maschine war sicherlich die Beteiligung am Formationsüberflug über das Haus von Sir Thomas Sopwith anläßlich des 100. Geburtstags dieses Luftfahrtpioniers. Aber es gab auch noch andere Aktivitäten, die nicht weniger spektakulär waren, so z. B. der Verbandsflug mit einer Harrier von British Aerospace auf der Airshow von Biggin Hill und ihr Auftritt bei den Feierlichkeiten aus Anlaß des 80jährigen Bestehens des RFC in Netheravon im April 1992. Leider mußte die Pup bei dieser Veranstaltung wegen zu starken Windes am Boden bleiben.*

Unten rechts *Die Sopwith Pup des Museum of Army Flying fliegt höchstens zwei Stunden im Jahr, und das auch nur unter absolut idealen Wetterbedingungen. Wohl kaum ein Flugplatz ist besser für solche Oldtimer geeignet als Middle Wallop, der sich rühmen kann, in ganz Europa der Flugplatz mit der größten Grasfläche zu sein. Dies hat den Vorteil, daß Starts und Landungen immer exakt gegen den Wind möglich sind. Obwohl Middle Wallop ein ziemlich stark frequentierter Platz ist, wird er abends — also bei schwachem Wind oder Windstille — kaum genutzt: Diese Tageszeit gehört Flugzeugen wie der Pup.*

THE
SOPWITH
AVIATION Company Ltd
KINGSTON ON THAMES
N5195
LIFT HERE
LIFT HERE

Links *Der Betrieb von Flugzeugen mit Umlaufmotor bringt eine ganze Reihe von Besonderheiten mit sich, die sorgfältig beachtet werden müssen. Bei einem Umlaufmotor wird das Treibstoff-Luft-Gemisch ins Kurbelgehäuse eingespritzt und durch die Zentrifugalkraft buchstäblich in die Zylinder geschleudert. Bei diesem 80-PS-Motor vom Typ Le Rhône, der zur Sopwith Pup der Shuttleworth Collection gehört, durchläuft das Gemisch die Messingrohre, die sich außerhalb des Motors befinden. Im Gegensatz zu modernen Motoren, die über eine Umlaufschmierung verfügen, arbeitet der Le Rhône nach dem Prinzip der Verlustschmierung, wobei Rizinusöl in beträchtlichen Mengen über den Auspuff nach außen gelangt und sich in den Luftstrom mischt, der das Flugzeug umströmt. Der „Auspuff" besteht übrigens lediglich aus dem geöffneten Auslaßventil am oberen Zylinderende. Die Metallverkleidung, von der der 80-PS-Le-Rhône-Motor umgeben ist, erfüllt einen doppelten Zweck: Zum einen leitet sie die Kühlluft direkt über die Zylinder, zum anderen dient sie zum Auffangen des Öls, das zum größten Teil im untersten Punkt zusammenläuft, sich also nicht — wie bei den Originalflugzeugen des Ersten Weltkriegs — als gleichmäßiger Ölfilm über den armen Piloten verteilt. Darüber hinaus verhindert sie, daß Flammen aus dem Auspuff das Flugzeug in Brand setzen. Während des Ersten Weltkriegs war es bei vielen Piloten üblich, die unliebsamen Effekte des Rizinusöls mit beträchtlichen Mengen Brandy zu bekämpfen, denn der feine Ölnegel ließ sich auch durch eine Metallcowling der hier gezeigten Art nicht ganz vom Piloten fernhalten.*

digkeit aus. Schon bald nach seiner Indienststellung mußte eine dieser Maschinen hinter den deutschen Linien notlanden, wo sich alle, die es zu Gesicht bekamen, höchst beeindruckt zeigten.

Buchstäblich wenige Tage nach der zufälligen Landung des Sopwith-Dreideckers auf deutschem Boden wurden mehrere Flugzeughersteller aufgefordert, dem Militär Konstruktionen zur offiziellen militärischen Flugerprobung zur Verfügung zu stellen. Auch Anthony Fokker stellte einen Prototypen vor. Nachdem die Fokker-Eindecker an der Front durch andere Muster abgelöst worden waren, hatte Fokker zunächst keine Konstruktion anzubieten, die es mit denen der Flugzeughersteller Albatros, Halberstadt und Pfalz aufnehmen konnte. Zu allem Überfluß war auch noch sein Chefkonstrukteur Martin Kreutzer bei einem Absturz im Jahr 1916 ums Leben gekommen. Ihm folgte sein Assistent Reinhold Platz, der seit 1912 bei Fokker als Flugzeugschweißer gearbeitet hatte. Platz besaß keine fliegerische Ausbildung, lernte jedoch schnell und verfügte über eine natürliche Begabung zum Fliegen. Er sollte während der folgenden 20 Jahre Fokker-Chefkonstrukteur bleiben. Leider wurde ihm die entsprechende Anerkennung nie zuteil, denn Fokker selbst bestand stets darauf, die eigenen Flugzeuge persönlich konstruiert zu haben.

Der von Platz gebaute Dreidecker wurde bald zum berühmtesten Flugzeug seiner Zeit, obwohl er nur in relativ geringen Stückzahlen gebaut wurde. Im Gegensatz zur abgestrebten Konstruktion der Sopwith wählte Platz für seinen Dreidecker nach bewährter Fokker-Tradition einen geschweißten Stahlrohrrumpf, der intern mit Kla-

Rechts *Die Technologie des Clerget-Motors hatte schon einen höheren Stand als diejenige des Le Rhône: Der Clerget verfügte bereits über eine doppelte Zündung und eine verbesserte Ein- und Auslaßventilsteuerung, die über zwei Stößelstangen erfolgte, während der Le Rhône nur eine einzige Stößelstange aufwies. Die hier gezeigte 130-PS-Version war das Standardtriebwerk, das in alle Sopwith-Dreidecker und viele Sopwith Camels eingebaut wurde. Die ungewöhnliche braune Färbung des Motors ist auf die jahrelange Einwirkung von verbranntem Rizinusöl zurückzuführen. Einerseits wirkt das Triebwerk dadurch recht unansehnlich, andererseits aber schützt dieser Überzug die beweglichen Teile vor Korrosion.*

viersaiten verstrebt war. Der Antrieb bestand aus einem Oberursel-Umlaufmotor mit 110 PS. Auch die Tragflächen unterschieden sich von denen der Sopwith: Der Sopwith-Flügel wies zwei Holme auf, während der des Fokker-Dreideckers nur auf einem einzigen Doppelkastenholm von enormer Stabilität aufgebaut war. Daher mußte der Fokker-Flügel dicker werden, was einerseits den Auftrieb, andererseits aber auch den Luftwiderstand erhöhte. Wegen der hohen Stabilität des Flügels konnte jedoch auf widerstandserzeugende Streben und Spanndrähte verzichtet werden.

Der erste Fokker-Dreidecker hatte keinerlei Streben zwischen den einzelnen Tragflächen; die Serienmaschinen wurden allerdings mit solchen Streben ausgestattet, um Flattererscheinungen zu unterdrücken. Platz versah sogar die Fahrwerksachse mit einer Auftriebsfläche aus. Bewaffnet war die Fokker Dr.1 — wie die Albatros — mit einem Zwillingsmaschinengewehr. Die Neuentwicklung war auf Anhieb erfolgreich, und von den ersten drei Serienmaschinen wurde eine für statische Versuche verwendet, während die beiden anderen an Manfred von Richthofen (Seriennummer 102/17) und Werner Voss (103/17) gingen. Voss freundete sich mit seinem Exemplar sofort an und flog es bis zu seinem Tod im September 1917. Bezeichnenderweise gelang es ihm auf seinem letzten Einsatz, als er in einen Luftkampf mit zahlenmäßig hoffnungslos überlegenen S.E.5a-Maschinen der 56. RFC-Staffel verwickelt war, minutenlang Widerstand zu leisten und alle angreifenden Maschinen zu durchlöchern.

Richthofen ging vorsichtiger an das neue Muster heran und flog noch eine Weile seine ältere Albatros D.Va; seinen 60. Luftsieg errang er allerdings auf seinem ersten

Oben links *Im Umlaufmotor kamen einige der raffiniertesten Finessen zur Anwendung, die der Maschinenbau der damaligen Zeit zu bieten hatte. So wurde z. B. jeder einzelne Zylinder in spanabhebender Bearbeitung aus einem einzigen gesenkgeschmiedeten Block hergestellt, und jede einzelne Kühlrippe ist so dünn, daß man sich bei einer unvorsichtigen Berührung an ihr schneiden kann. Bei diesem 80-PS-Le-Rhône-Motor bestanden die Frontplatte und die Propellerwelle aus einem einzigen Teil; es gab aber auch Hersteller, die diese Baugruppe aus zwei separaten Teilen anfertigten. Wegen des erheblichen Anteils an Handarbeit in der Fertigung waren Umlaufmotoren relativ teuer.*

Unten links *Dieses einzelne Vickers-Maschinengewehr ist in der Sopwith Pup des Fleet Air Arm Museum zu sehen, die als N6452 Anfang der achtziger Jahre für den Sammler Guy Black nachgebaut wurde. Hinter dem Maschinengewehr befindet sich die winzige Windschutzscheibe mit dem gepolsterten Rahmen, der dem Piloten im Fall einer Bruchlandung wenigstens ein Minimum an Schutz bieten sollte. Gut zu sehen sind aus dieser Perspektive auch die beiden Öffnungen für den Öltank und den Kraftstoffeinfüllstutzen unmittelbar hinter dem Motor sowie die Bespannung des Rumpfvorderteils – natürlich im bekannten Farbton des allgegenwärtigen Rizinusöls. Seitlich am Rumpf, unmittelbar hinter der Cowling, befindet sich ein Handlochdeckel, über den der Vergaser und der Zündmagnet zugänglich sind. Gleich dahinter ist das Einlaßrohr für die Motoransaugluft zu sehen.*

Rechts *Welche Sicht ein Pup-Pilot hatte, läßt sich anhand dieser Aufnahme des Exemplars der Shuttleworth Collection erahnen. Wenn sich der Sporn am Boden befindet, ist die Sicht nach vorn naturgemäß stark eingeschränkt. Durch das Maschinengewehr und die Windschutzscheibe jedoch ist beim Rollen die Sicht nach vorn praktisch vollkommen versperrt.*

SOPWITH
N6452
LIFT HERE
LIFT HERE

Oben *Langweilig ist die Geschichte der Pup des Fleet Air Arm Museum nicht gerade. Sie wurde 1983 als erste von zwei baugleichen Maschinen fertiggestellt und noch im selben Jahr auf einer Auktion von Christie's in Duxford zum Kauf angeboten. Zu diesem Zweck sollte sie von ihrem vorläufigen Heimatflugplatz Old Warden nach Duxford geflogen werden, doch unterwegs führten Probleme mit der Magnetzündung dazu, daß der Pilot etwa fünf Meilen vor dem Ziel eine Außenlandung durchführen mußte, die ihm auch perfekt gelang. Anstatt die Maschine abzurüsten, überlegte man, ob es nicht günstiger sei, sie einfach per Straße nach Duxford zu transportieren. Die Verkehrspolizei war kooperativ genug, diesem Ansinnen zuzustimmen, und sperrte kurzerhand die Hauptstraße von Royston nach Cambridge, so daß die Pup doch noch „an einem Stück" ihr vorgesehenes Ziel erreichte. Auf der Auktion wurde sie dann von dem in Soho ansässigen Unternehmer Raul Raymond ersteigert, der Pläne verfolgte, in einem leerstehenden Kino in Whitehall ein Kriegsmuseum zu eröffnen. Dort hing die Pup einige Monate lang von der Decke herab, wobei der Motor von einem kleinen Elektroantrieb in Rotation gehalten wurde, bis sie nach Aufgabe des Museumsprojekts schließlich verkauft wurde. Sie wurde vom Fleet Air Arm Museum zu einem recht günstigen Preis erworben und befindet sich heute in flugfähigem Zustand in Yeovilton.*

Links *Gelegentlich wird die Pup noch geflogen, normalerweise von Robin Bowes, der sonst einen Nachbau des Fokker-Dreideckers fliegt und hier bei einem Verbandsflug mit dem Sopwith-Camel-Nachbau des Museums fotografiert wurde. Die Pup trägt die typische RNAS-Bemalung; ihr Rumpf ist mit demselben Naturleinen bespannt wie die vielen anderen Pups, die bei der Marine geflogen wurden, und auch die Tragflächen tragen die Navy-Originaltarnfarbe. In genau einer solchen Maschine unternahm übrigens der Staffelkommandant E.H. Dunning, RN, am 2. August 1917 die erste Landung auf dem Deck eines fahrenden Schiffes. Leider fand Dunning einige Tage später den Tod, als er auf See ein ähnliches Manöver versuchte, das jedoch nicht beim ersten Mal gelang. Beim Durchstarten zu einem neuen Anflug setzte der Motor aus, was Dunning zum Verhängnis wurde.*

Links *Das Starten eines Umlaufmotors wirkt auf den Laien wie ein höchst absonderliches Ritual: Jeder Zylinder erhält zunächst mit Hilfe einer Spritze eine bestimmte Menge Treibstoff. Dabei wird der Treibstoff, während der Motor von Hand durchgedreht wird, in das jeweilige Auslaßventil eingespritzt. Ein wahrer Meister dieser Kunst war der inzwischen verstorbene Wally Berry, der in Old Warden mehr als 30 Jahre lang für die technische Betreuung der Umlaufmotoren zuständig war. Auf diesem Foto dreht er gerade den Le Rhône der Shuttleworth-Collection-Pup durch, während Chefingenieur Chris Morris als Assistent tätig ist.*

Unten *Auf der ganzen Welt gibt es nur sehr wenige Flugplätze, auf denen man mehrere echte Veteranen aus dem Ersten Weltkrieg gleichzeitig im Flug beobachten kann. Ein solcher Flugplatz ist Old Warden, wo verschiedene Oldtimer nebeneinander Aufstellung genommen haben, darunter die Sopwith Pup, die LVG C.VI, ein Bristol Fighter, eine D.H.51, Vorläufer der legendären Doppeldeckerfamilie „Moth" und unmittelbarer Nachfolger der B.E.2.*

Oben *Dieses Foto entstand bei einer früheren Veranstaltung und zeigt dieselben drei Maschinen, hier jedoch zusammen mit der Hawker Tomtit, die ebenfalls der Shuttleworth Collection gehört. Berücksichtigt man die sorgfältige Wartung und die strikte Begrenzung der jährlichen Flugstundenzahl, so bestehen gute Aussichten, daß diese Flugzeuge auch noch in vielen Jahren fliegen werden.*

Rechts *Javier Arango fliegt seit seinem achten Lebensjahr (!) und hat seitdem entsprechend viele Flugstunden gesammelt, von denen er nicht wenige auf Maschinen seiner imposanten Sammlung von Nachbauten berühmter Oldtimer aus dem Ersten Weltkrieg absolviert hat. Hier hebt er gerade mit seinem Sopwith-Pup-Nachbau ab.*

Feindflug, den er mit der Dr.1 unternahm. Richthofens 102/17 ging am 15. September 1917 verloren, wobei sie von Leutnant Kurt Wolff geflogen wurde; der „Rote Baron“ selbst wurde in einer Dr.1 mit der Seriennummer 452/17 im April 1918 getötet. Trotz des Ruhmes, dessen sich die Dr.1 nach dem Krieg – vor allem durch die Legende von Richthofen – erfreute, bleibt festzuhalten, daß dieses Muster keineswegs so weit verbreitet war wie es aus heutiger Sicht scheint.

Insgesamt wurde die Fokker Dr.1 in 330 Exemplaren gebaut, von denen jedoch nur 171 gleichzeitig an der Front im Einsatz waren, und diese Maschinen wurden immer wieder von herstellungsbedingten Mängeln an den Tragflächen heimgesucht. Zeitweilig mußten sogar alle Dr.1 am Boden bleiben, da Ersatzbeplankungen für die Flügel hergestellt und in die im Fronteinsatz befindlichen Maschinen eingebaut werden mußten. Anfang 1918 schließlich standen schnellere und ebenso wendige Jagdflugzeuge zur Verfügung, und die Dr.1 wurde nur noch für weniger wichtige Missionen und zur Schulung eingesetzt.

Einige der Muster, die damals die Dr.1 ablösten, sollten dieselbe Berühmtheit erlangen wie der legendäre Dreidecker. So erhielten z. B. in Frankreich die ersten Staffeln an der Front die SPAD XIII, eine vergrößerte Version der SPAD VII. Sie war mit einem 220-PS-Motor von Hispano-Suiza ausgerüstet und mit einem Vickers-Zwillings-Maschinengewehr bewaffnet. Obwohl die SPAD XIII mit Zuverlässigkeitsproblemen beim Motor – insbesondere solchen, die von bestimmten Zulieferern gebaut worden waren – zu kämpfen hatte, war die Maschine ein großer Erfolg. Sie war zwar nicht so wendig wie andere Maschinen an der Front (einschließlich der SPAD VII), aber äußerst schnell. Die SPAD XIII wurde mit großem Erfolg sowohl von den französischen als auch den amerikanischen Luftstreitkräften eingesetzt.

Oben *Von den 152 jemals gebauten Sopwith-Dreideckern sind, soweit bekannt, nur zwei Exemplare übriggeblieben. Eines davon steht im RAF-Museum, das andere im Museum der sowjetischen Luftwaffe in Monino bei Moskau. Doch ganz stimmt diese Statistik nicht: 1990 nämlich hatte die Interessengemeinschaft „Northern Aeroplane Workshop“ eines ihrer Projekte, die Herstellung eines perfekten Nachbaus für die Shuttleworth Collection, erfolgreich abgeschlossen. Diese Reproduktion wurde so originalgetreu wie möglich angefertigt, wovon offensichtlich auch Sir Thomas Sopwith überzeugt war: Er gestattete der Gruppe nach Inaugenscheinnahme ihrer Bemühungen, den Dreidecker mit der nächsten laufenden Werknummer „153“ zu versehen, so daß man dieses Exemplar als – zugegebenermaßen ziemlich spät entstandenes – Serienflugzeug bezeichnen kann! Der Erstflug verzögerte sich etwas, da es noch einige Probleme mit dem Motor gab, doch auf diesem Foto sieht man bereits den Shuttleworth-Chefpiloten John Lewis, der den Motor zum Start warmlaufen läßt.*

Oben *Es dauerte eine ganze Weile, bis die Mitglieder des Northern Aeroplane Workshop den 130-PS-Clerget des Dreideckers dazu gebracht hatten, rund und zuverlässig zu laufen, und so hob der Dreidecker erst am 10. April 1992 zum Erstflug ab. Zwar mußte die Maschine wegen eines defekten Zündkabels schon nach 11 Minuten wieder landen, doch diese Flugzeit hatte John Lewis genügt, um festzustellen, daß der Dreidecker bei einer angezeigten Fluggeschwindigkeit von 80 mph gute Steigleistungen erzielte und mit reduzierter Motorleistung bei rund 50 mph in den überzogenen Flugzustand überging. Außerdem konnte er berichten, daß die Quer- und die Höhenruderwirkung zufriedenstellend waren, das Seitenruder dagegen nur unter Vollausschlägen zum Steuern der Maschine herangezogen werden konnte. Das Foto oben zeigt den Dreidecker nach seinem zweiten Testflug, der am 3. Mai stattfand.*

Auf Vorschlag des französischen Spitzenpiloten George Guynemer wurde Anfang 1917 eine Variante der SPAD XIII – die SPAD XII – in einigen Exemplaren gebaut. Guynemer war der Ansicht, daß für die Jagdflugzeuge die Feuerkraft von ein oder zwei Maschinengewehren nicht ausreichte. Er konnte SPAD dafür gewinnen, zwischen den Zylinderblöcken des Hispano-Suiza-Motors eine 37-mm-Bordkanone einzubauen, die durch eine hohle Propellernabe feuerte. Zwar war die Kadenz dieser Kanone sehr niedrig, aber dafür richteten die Geschosse bei den getroffenen Flugzeugen verheerende Zerstörungen an. Diese Flugzeugversion wurde allerdings nur selten eingesetzt, da sie nicht gerade wendig war und die Kanone nach jedem Schuß von Hand nachgeladen werden mußte. Dennoch bildete dieses Flugzeug den Vorläufer für die schwerbewaffneten Maschinen des Zweiten Weltkriegs.

Unterdessen lief bei der britischen Royal Aircraft Factory die Produktion der S.E.5a auf Hochtouren. Auch dieses Flugzeug war mit dem Hispano-Suiza (genauer gesagt, einer von Wolseley gebauten Version dieses Motors) ausgestattet; seine Bewaffnung bestand aus einem Vickers-Maschinengewehr, mit dem der Pilot durch die Propellerkreisfläche feuern konnte, und einer auf der oberen Tragfläche montierten Lewis-Bordkanone. Die S.E.5a galt als schnellstes Jagdflugzeug an der Front und war zudem so stabil gebaut, daß sie auch steilste Sturzflüge mühelos verkraftete. Die S.E.5a stand auch während der Nachkriegsjahre noch im aktiven Einsatz, und viele Maschinen dieses Typs wurden an die USA geliefert, wo sie jahrelang im Army Air Service geflogen wurden. Einige der letzteren Exemplare waren auch in mehreren frühen Hollywood-Fliegerfilmen wie z. B. *Wings* und *Hell's Angels* zu sehen.

Die Firma Bristol, die auch die „Scout" – das erste echte Jagdflugzeug der Welt – gebaut hatte, stellte auch den F.2B „Bristol Fighter" her. Dies war insofern ungewöhn-

Links *Schon wenige Wochen nach seinem Erstflug sollte der Dreidecker auf der für den 7. Juni geplanten Shuttleworth-Airshow* Military Aviation 92 *der staunenden Öffentlichkeit präsentiert werden. Zwei Tage vor der Veranstaltung war die Flugerprobung abgeschlossen, so daß die Vorführung hätte stattfinden können. Leider schaffte es aber die Zivilluftfahrtbehörde nicht, innerhalb dieser beiden Tage die erforderlichen Dokumente und Bescheinigungen auszustellen, so daß der Dreidecker erst auf der nächsten Airshow an den Start gehen konnte. Dieses Foto zeigt John Lewis, der während eines Tests den Forschritt der Flugerprobung mit dem inzwischen verstorbenen Wally Berry bespricht.*

lich, als es sich um einen Doppelsitzer handelte, wobei der Bordschütze im hinteren Sitz ein auf einem Scarff-Ring montiertes Lewis-Maschinengewehr bediente, während der Pilot mit einer Vickers-Bordkanone durch die Propellerkreisfläche feuern konnte. Die ersten Einsätze des neuen Flugzeugs waren jedoch ein einziges Desaster: Am 5. April 1917 wurden sechs Bristol Fighter von Piloten der von Manfred von Richthofen geführten Jagdfliegerstaffel *Jasta 11* angegriffen, wobei vier von ihnen abgeschossen wurden.

Das Hauptproblem, das sich zu Anfang bei der neuen Bristol stellte, bestand darin, daß die Piloten versuchten, die Maschine in eine Position zu bringen, aus der der hinten sitzende Bordschütze freies Schußfeld auf den Angreifer hatte. Dies erwies sich jedoch bald als taktisch ungeschickt, und so wurde der Bristol Fighter schließlich wie alle anderen Jagdflugzeuge eingesetzt, d. h. der Pilot richtete seine eigene Kanone auf das angreifende Flugzeug aus, während der Bordschütze versuchte, Angriffe von hinten abzuwehren.

Bei dieser Taktik erwies sich die F.2B doch noch als vortreffliches Kampfflugzeug. Mit ihrem V12-Motor vom Typ Rolls-Royce Falcon III war sie schnell und trotz ihrer Größe ziemlich wendig. Diese Erkenntnis geriet übrigens während des Zweiten Weltkriegs anscheinend in Vergessenheit, denn die Spezifikation des Luftwaffenministeriums für die Bolton Paul Defiant lautete, daß sie nur hinten über eine Bewaffnung verfügen sollte, und zwar in Form eines motorgetriebenen Schützenstands hinter dem Piloten. Die Defiant besaß keine nach vorn ausgerichteten Waffen und war deshalb in ihrer Bewegungsfreiheit ebenso stark eingeschränkt wie der Bristol Fighter – was zu ebenso hohen Verlusten führte.

Eines der exzellentesten Jagdflugzeuge, die in Großbritannien während des Ersten Weltkriegs gebaut wurden, war zweifellos die Sopwith Camel. Auch diese Sopwith hatte ihren Beinamen nicht offiziell, sondern aufgrund der „höckerartigen“ Metallverkleidung der Maschinengewehrverschlüsse erhalten. Die Camel war so konstruiert, daß ein großer Teil des Strukturgewichts – also Motor, Treibstoff und Pilot – möglichst in Schwerpunktnähe konzentriert und die Maschine somit optimal ausbalanciert und entsprechend wendig war. Die Camel wurde vor allem für das RNAS und das RFC gebaut, aber auch einige amerikanische Staffeln wurden mit diesem Muster ausgerüstet. Die Palette der Motoren war reichhaltig und umfaßte unter anderem den 110-PS-Le-Rhône- und den 130-PS-Clerget-Motor. Einzelne Camels des RNAS flogen sogar mit 150 PS starken Bentley-Umlaufmotoren.

Mit ihrer relativ starken Motorisierung, ihrer kleinen Zelle und dem in Schwerpunktnähe konzentrierten Gewicht konnte die Camel für einen unerfahrenen Piloten tödlich gefährlich sein, doch in den Händen eines Könners war sie an der Front jedem anderen Jagdflugzeug an Wendigkeit überlegen. Sie war derart wendig, daß man beispielsweise unmittelbar nach dem Start einen Looping fliegen konnte – zweifellos nicht gerade das übliche Manöver in dieser Flugphase! Viele Camel-Piloten hielten ihre Maschine für das ideale Kampfflugzeug, konnte sie doch mehr Abschüsse verbuchen als alle anderen Jagdflieger des Ersten Weltkriegs.

Doch auch die französischen Konstrukteure bewiesen, daß sie Flugzeuge der Superlative bauen konnten. Wegen verschiedener Motorprobleme verzögerte sich die Indienststellung der SPAD XIII, und so entschied sich der Hersteller Nieuport dafür, beim Umlaufmotor zu bleiben und das Konkurrenzmuster Nieuport 28 damit auszustatten. Im Gegensatz zu früheren Nieuport-Entwürfen, bei denen es sich um Anderthalbdecker handelte (also Doppeldecker, deren untere Tragfläche erheblich kürzer war als die obere), war die Nieuport 28 ein echter Doppeldecker. Mit dem 160-PS-Gnôme-Monosoupape-Umlaufmotor bot sie ein recht stromlinienförmiges und

Links *Sämtliche Sopwith-Dreidecker an der Westfront wurden vom RNAS geflogen. Der bekannteste von ihnen gehörte dem 10. Geschwader an, das unter dem Kommando von Raymond Collishaw stand, und war wie alle Maschinen dieser Einheit an der schwarzen Lackierung der Flugzeugnase zu erkennen. Dementsprechend erhielt jede einzelne Maschine einen Namen wie z. B.* Black Maria, Black Prince *oder sogar* Black Death. *Ebenso auffällig, wenn auch nicht ganz so bekannt, waren die Geschwaderfarben des achten Geschwaders („Naval 8“), die auf dem hier abgelichteten Shuttleworth-Dreidecker N6290* Dixie II *zu sehen sind.*

Oben *Einer der für Leisure Sport angefertigten Nachbauten war dieser nicht flugfähige Dreidecker, im Original die* Black Maria *von Geschwaderkommandant Collishaw. Von sämtlichen alliierten Piloten, die den Krieg überlebten, war er mit 63 bestätigten Luftsiegen am erfolgreichsten gewesen. Die nicht flugfähigen Ausstellungsobjekte im Freizeitpark von Leisure Sport mögen manch einem echten Oldtimer-Enthusiasten vielleicht als „Abweichung von der reinen Lehre" erscheinen, doch wenn sie den einen oder anderen auch nur dazu anregen, sich näher mit der Thematik zu befassen, haben sie bereits einen wichtigen Zweck erfüllt.*

Rechts *Obwohl der Sopwith-Dreidecker an der Airshow von Old Warden im Juni 1992 nicht offiziell teilnehmen durfte, konnte er am Morgen vor Beginn der Flugvorführungen einen Testflug unternehmen, wo er von dem Fotografen Mike Vines abgelichtet wurde. Auf dieser Aufnahme gut zu erkennen sind die über Steuerseile miteinander verbundenen Querruder und die kleine impellergetriebene „Rotherham"-Pumpe an der Rumpfstrebe vor dem Piloten, die zur Erzeugung des Überdrucks im Haupttreibstofftank dient. Welche Qualität dieser Nachbau hat, ist unverkennbar: Immerhin ist er das Ergebnis von 19 Jahren harter Arbeit und einer Menge fundierter Recherchen.*

zweckmäßiges Erscheinungsbild. Die Bewaffnung bestand aus einem Vickers-Zwillingsmaschinengewehr.

Als abzusehen war, daß man die chronischen Motorprobleme der SPAD in den Griff bekommen würde, entschieden sich die Franzosen, dieses Muster wegen seiner höheren Geschwindigkeit als neuen Standard einzuführen, so daß nur wenige Nieuport 28 bei der *Aviation Militaire* zum Einsatz kamen. Etliche Nieuport 28 allerdings wurden an den United States Air Service übergeben, wo vier Staffeln mit ihnen ausgerüstet wurden, und einige gelangten nach Kriegsende nach Amerika. Ein weiteres Flugzeug, dessen Militärlaufbahn durch die SPAD stark behindert wurde, war die Morane AI, die in zwei Versionen — der Morane XXVII mit einem Maschinengewehr

DIXIE
II
LIFT HERE
LIFT HERE

und der Morane XXIX mit zwei Maschinengewehren – gebaut wurde. Dieser Eindecker bot zwar ausgezeichnete Handlingeigenschaften, war aber durch seinen relativ kurzatmigen 150-PS-Gnôme-Monosoupape-Umlaufmotor nicht sehr beweglich. Die Karriere der Morane AI im Fronteinsatz war daher bald beendet, aber wegen ihrer guten Flugeigenschaften kam sie dennoch bei vielen Ausbildungsstaffeln zum Einsatz. Viele dieser Einheiten tauschten übrigens den Gnôme gegen den zuverlässigeren 130-PS-Clerget-Motor aus.

Ähnlich wie die SPAD anderen französischen Flugzeugen das Leben schwer machte, verdrängte auf deutscher Seite die nächste Fokker-Generation viele andere deutsche Jagdflugzeuge. Nach seiner Dreidecker-Phase konstruierte Fokker im Auftrag der Luftstreitkräfte zwei weitere Maschinen. Die erste davon – die D.VI – war ein Doppeldecker mit einem 110-PS-Oberursel-Umlaufmotor. Die zweite, die ebenfalls in Doppeldeckerbauweise hergestellte D.VII, war etwas größer und wurde von dem 160 PS starken wassergekühlten Mercedes-Sechszylinder-Reihenmotor angetrieben. Die Diskussion, welches Jagdflugzeug aus dem Ersten Weltkrieg nun das für seinen Einsatzzweck beste war, wird wohl nie enden; fest steht aber, daß die D.VII in der Rangliste weit oben stehen dürfte.

Die D.VII war stabil und leistungsfähig, und sie war mit zwei Maschinengewehren ausgestattet. Dabei war sie so einfach zu fliegen, daß es bald hieß, die D.VII mache aus jedem durchschnittlichen Piloten ein Fliegeras. Auch die Frontkämpfer wurden schnell auf das Potential dieser Maschine aufmerksam, was zur Folge hatte, daß andere gute Konstruktionen wie z.B. die Pfalz D.XI und die späteren Halberstadt-

Links *Die dritte Maschine aus dem Sopwith-Fundus von Desmond St Cyrien und zugleich die letzte, die als Nachbau entstand, war die Sopwith Camel B6291. Diese Maschine wurde über einen Zeitraum von mehreren Jahren restauriert und 1989 schließlich fertiggestellt. Vorübergehend wurde sie im Museum of Army Flying ausgestellt, da sie wegen der mangelnden Verfügbarkeit eines geeigneten Motors nicht flugtauglich gemacht werden konnte. Kurz vor seinem Tod im Jahr 1992 verkaufte St Cyrien die Camel an Tony Ditheridge, dessen Firma AJD Engineering in etlichen Jahren einige eindrucksvolle Oldtimernachbauten und Restaurationen durchgeführt hatte. Tony brachte die Maschine nach Old Warden und baute einen 110-PS-Le-Rhône-Motor ein, da ein 130-PS-Clerget – der Motortyp also, der für diese Camel ursprünglich verwendet wurde – einfach nicht aufzutreiben war. Auf dieser Detailaufnahme sieht man gut die von der Motorrückseite kommenden Einlaßrohre des Le Rhône, die über Stößelstangen betätigten Auslaßventile, den Motorträger aus Holz und das dahinter angeordnete Ansaugluftrohr.*

Rechts *Wie klein der 110-PS-Le-Rhône-Motor ist, läßt dieses Foto erkennen, das Chris Morris beim Einbauen des Motors in die Camel zeigt. Auf der Motorrückseite ist das lange Einlaßrohr zu sehen, mit dem das Treibstoff-Luft-Gemisch ins Kurbelgehäuse geleitet wurde. Ebenfalls gut zu sehen ist der „Höcker" über den Maschinengewehrverschlüssen, der dem Flugzeug seinen Spitznamen gab. Die B6291 wurde von der Sopwith Aviation Company im Werk Ham bei Richmond (Surrey) gebaut und gehörte zur Serie mit den Werknummern von B6201 bis B6450, wurde also höchstwahrscheinlich in Brooklands eingeflogen. Die erste Maschine aus der genannten Serie verließ im August 1917 die Werkshallen; die B6291 entstand im September desselben Jahres. Sie wurde nach Frankreich geliefert, dort aber schon nach wenigen Tagen bei einer Bruchlandung schwer beschädigt. So gelangte sie bereits nach kurzer Zeit wieder zur Reparatur nach England zurück, wo sie bis Kriegsende als Schulmaschine in verschiedenen Ausbildungsstaffeln eingesetzt wurde. Nach dem Waffenstillstand gehörte diese Camel zu einer Gruppe von Maschinen, die von zwei ehemaligen RFC-Offizieren zwecks Aufbau einer Wanderflugschau aufgekauft wurden. Das Unternehmen wurde jedoch wegen Geldmangels aufgegeben, und die Camel verschwand für längere Zeit in der bereits erwähnten Scheune in Lincolnshire.*

Maschinen von den Piloten zugunsten der D.VII weitgehend übergangen wurden. Sogar die Wartungsmannschaften bevorzugten die D.VII, da beispielsweise die Pfalz D.XI als Doppeldecker mit je zwei Abschnitten (Bereichen zwischen den Streben) ziemlich komplex aufgebaut war und entsprechend viel Wartungsaufwand erforderte. Im Vergleich dazu war die D.VII ein freitragender Doppeldecker, dessen Tragflächen ohne Spanndrähte auskamen und lediglich mit dem Rumpf verschraubt waren. Durch die Streben zwischen den Tragflächen vereinfachte sich außerdem die Montage des Flugzeugs ganz erheblich – ein enormer Vorteil für die deutschen Luftstreitkräfte, die ihre Flugzeuge oft per Bahn an neue Einsatzorte verlegte. Ihre höchste Auszeichnung erhielt die D.VII beim Waffenstillstandsabkommen, in dem festgelegt war, daß alle Maschinen dieses speziellen Typs an die Siegermächte zu übergeben waren – damit wurde die D.VII als einziger Flugzeugtyp namentlich erwähnt. Fokker indessen hatte andere Pläne: Er schmuggelte eine große Zahl fertiger und halbfertiger Flugzeuge und Motoren von Deutschland in sein Heimatland Holland, wo er unverzüglich daranging, ein neues Flugzeugwerk aufzubauen.

Die D.VII war nicht der letzte Fokker-Entwurf aus der Kriegszeit; vielmehr experimentierten Fokker und Platz bis in den Sommer 1918 hinein mit verschiedenen Konfigurationen dieses Typs. Endergebnis dieser Versuche war ein von einem 110-PS-Oberursel-Motor angetriebener Eindecker, eine aerodynamisch sehr „saubere" Konstruktion, bei der die stabilen Tragflächen an einem Rumpf montiert waren, der dem des Dreideckers ähnlich war. Die so entstandene D.VIII hieß ursprünglich E.V (da sie Fokkers fünfte Eindeckerkonstruktion war). Viele der ersten Serienmaschinen hatten allerdings mit Stabilitätsproblemen bei den Tragflächen zu kämpfen, was – wie sich später herausstellte – auf Mängel bei der Qualitätskontrolle des verwendeten Flugzeuglacks zurückzuführen war. Nachdem dieses Muster 1918 monatelang aus dem Fronteinsatz genommen worden war, wurde es – nun überarbeitet – als D.VIII wieder in den Militärdienst gestellt. Korrekt war diese Bezeichnung nicht, denn das „D" stand für *Doppeldecker*, während „E" für *Eindecker* reserviert war.

Nicht nur die Jagdflugzeuge entwickelten sich oft aus Typen, die eigentlich für allgemeinere Zwecke entwickelt worden waren; auch andere Spezialflugzeuge wie z. B. Bomber und Aufklärer wurden aus ganz „normalen“ Flugzeugen abgeleitet. In den ersten Kriegsjahren übernahmen beispielsweise Maschinen wie die B.E.2 die Gefechtsfeldbeobachtung: Sie verfolgten, an welchem Punkt die Artilleriegeschosse einschlugen, und flogen dann zum Leitstand zurück, wo sie Beutel abwarfen, die Anweisungen für die Geschützmannschaften zur Ausrichtung der Kanonen erhielten. Dieses Verfahren war natürlich sehr zeitaufwendig, so daß man bald Experimente zur Ausrüstung der Aufklärer mit Funkgeräten unternahm, mit deren Hilfe sie ihre Meldungen absetzen konnten, ohne das Gefechtsfeld verlassen zu müssen. Die ersten Funkgeräte – ganz zu schweigen von den zur Stromversorgung benötigten Batterien – hatten ein enormes Gewicht und erwiesen sich bei Versuchen unter Gefechtsbedingungen als ziemlich unzuverlässig. Dennoch besaßen bei Kriegsende viele Flugzeuge auf beiden Seiten bereits Funkgeräte, und auch die Deutschen verfügten mit der LVG C.VI über eine solche Maschine.

Eine wichtige Rolle im Luftkrieg spielte auch die Fotografie. Erste Versuche zur Luftbildaufklärung wurden unternommen, indem die Kamera einfach aus dem Rumpf gehalten und mehr oder weniger „auf gut Glück“ ausgelöst wurde. Bis zum Ende des Krieges wurden die Kameras immer weiter verbessert, bis sie relativ scharfe Bilder lieferten, und einige Flugzeuge wurden speziell für die Luftbildaufklärung umgerüstet. Die Breguet 14.A2 beispielsweise, die noch heute im *Musée de l'Air* in Le Bourget bei Paris zu besichtigen ist, war auf der Rumpfunterseite mit Schiebeöffnungen ausgestattet, durch die die eingebauten Kameras ein ungehindertes Sichtfeld nach unten hatten.

Auch die ersten Bombardierungsversuche wurden eher ohne Methode durchgeführt. Um überhaupt eine Bombe in die Luft zu bekommen, mußte bei vielen der frühen Flugzeuge auf das zweite Besatzungsmitglied verzichtet werden. Die Bombenlasten, die die Flugzeuge befördern konnten, waren zudem meist so gering, daß sie keinen nennenswerten Schaden anrichteten. Die wenigen Bombenangriffe, die man vielleicht als erfolgreich bezeichnen konnte, waren eher Glückstreffer als gezielte Zerstörungen im Feindgebiet. Mit Voranschreiten des Krieges aber erkannten beide Seiten die Bedeutung des taktischen Bombereinsatzes – also der Zerstörung von taktisch wichtigen Zielen hinter den feindlichen Linien – und entwickelten Flugzeuge, die immerhin Bombenlasten von militärisch halbwegs nennenswerter Sprengkraft tragen konnten, darunter die F.E.2, die D.H.4 und die französische Voisin.

Rechts *Einige der ersten Restaurationsarbeiten an der Camel von St Cyrien wurden von British Aerospace in derselben Werkshalle vorgenommen, in der die Maschine viele Jahre zuvor gebaut worden war. Sir Thomas Sopwith war an ihrem Wiederaufbau höchst interessiert und es heißt, er habe sich persönlich sehr dafür eingesetzt, daß etliche fabrikneue Camel-Ersatzteile ausfindig gemacht und zum Teil aus dem Lager des Sopwith-Stammwerkes Kingston entnommen wurden, um sie zur Überholung des Flugzeugs zu verwenden. Der „zweite Erstflug“ der Camel fand am 27. Juli 1993 auf dem Flugplatz Old Warden statt, und die erforderlichen Zulassungsdokumente konnten gerade noch rechtzeitig fertiggestellt werden, damit die Maschine an der Airshow am 1. August teilnehmen konnte. Die Camel mit Stuart Goldspink im Cockpit flog während der Vorführungen im Verband mit der Pup der Shuttleworth Collection und startete anschließend nochmals, um Mike Vines diese Luftaufnahme zu ermöglichen.*

Links *Leider entschloß sich Tony Ditheridge Anfang 1994 zum Verkauf seiner Camel. Heute befindet sie sich im Besitz eines Amerikaners, der sie einem Museum stiften will. Es mag traurig sein, daß sich eine Original-Camel nicht mehr in die Luft erheben wird, aber man sollte auch daran denken, daß das exzellenteste aller Sopwith-Jagdflugzeuge in den Händen unerfahrener Piloten recht gefährlich sein kann. Insofern ist es vielleicht die beste Lösung, daß sie auf diese Weise einen würdigen Ehrenplatz einnimmt. In Großbritannien gibt es noch zwei Original-Camels, die eine im Museum der RAF, die andere im Imperial War Museum in Lambeth. Das erstgenannte Exemplar wurde nach dem Ersten Weltkrieg von der Aircraft Disposal Company aufgekauft, wobei im Bordbuch ganze zwei Flugstunden verzeichnet waren. Ihr Antrieb bestand aus einem 100-PS-Anzani-Sternmotor, der ihre ohnehin interessanten Flugeigenschaften anscheinend noch attraktiver machte.*

Klar wurde auch, daß Bomber noch effektiver nutzbar waren, wenn sie ihre Einsätze bei Nacht flogen, was jedoch bedingte, daß man eine ganz andere Art des Fliegens entwickeln mußte. Besonders schnell erkannten die Deutschen die Bedeutung der Bomberkriegsführung: Ihr zweimotoriger Gotha-Bomber war nicht nur in der Lage, dem Feind hinter der Frontlinie arg zuzusetzen, sondern konnte sogar den Ärmelkanal überqueren, um London zu bombardieren. Um dieser Gefahr zu begegnen, wurde die britische Hauptstadt von einem Ring aus Nachtjäger-Flugabwehrstaffeln umgeben, die zunächst aus ausgemusterten Maschinen wie der Avro 504 bestanden. Mit zunehmender Häufigkeit der Bombenangriffe wurden diese jedoch von der Sopwith Pup, der Sopwith Camel und der S.E.5a abgelöst.

Die Alliierten fanden schnell heraus, daß ein größeres Flugzeug mit großen wassergekühlten Triebwerken in der Lage sein mußte, genügend Treibstoff und Bomben zu befördern, um auch Ziele innerhalb Deutschlands angreifen zu können. Besonders bemerkenswert waren in diesem Zusammenhang die Maschinen vom Typ Handley Page 0/100 bzw. 0/400. Beide waren große Doppeldecker mit 30 Metern Spannweite und einer maximalen Flugdauer von achteinhalb Stunden, was einer Reichweite von fast 1300 Kilometern (einschließlich Reserve) entsprach. Außer ihrem großen Treibstoffvorrat konnten sie noch 1,6 Tonnen Bomben mitführen. Handley Page baute sogar einige Prototypen eines viermotorigen Bombers, des V/1500, der eine Reichweite von über 2100 km hatte und eine Bombenlast von einer Tonne tragen konnte. Diese Riesenmaschine wäre sogar in der Lage gewesen, Bombenangriffe auf Berlin zu fliegen, doch bevor sie zum Einsatz gebracht werden konnte, war der Krieg zu Ende.

Ein anderes Flugzeug, das einer Beteiligung an Kampfhandlungen knapp entging, aber dennoch einen angemessenen Platz in der Geschichte der Luftfahrt fand, war die Vickers Vimy. Nur ein einziges Exemplar erreichte Frankreich vor Unterzeichnung des Waffenstillstandsabkommens, dafür aber gelang einem anderen 1919 unter Führung von Hauptmann John Alcock DSC und Leutnant Arthur Whitten Brown die erste Nonstop-Atlantiküberquerung. Die Vimy sollte noch viele Jahre in den Dien-

Rechts *Trotz ihrer geringen Abmessungen wurden einige Camels zu doppelsitzigen Schulmaschinen umgebaut, keine einzige jedoch (soweit bekannt ist) zu Maschinen mit einem hinteren Sitz für einen Bordschützen. Da der Pilotenanwärter auf dem Foto offensichtlich nicht bewaffnet ist, war der Pilot dieser von einem Warner-Motor angetriebenen Camel des Fleet Air Arm Museum offenbar der Meinung, es reiche wohl aus, wenn ein Beobachter den Luftraum hinter der Maschine im Auge behält. Möglich ist natürlich auch, daß das Eintrittsalter bei der Marine außergewöhnlich niedrig ist...*

sten der Royal Air Force bleiben, und eine Transportversion dieses klassischen Bombers wurde noch 1939 von mehreren Unterstützungseinheiten geflogen!

Seit den ersten Anfängen – als man mit zerbrechlichen Flugzeugen versuchte, Aufgaben zu lösen, für die sie gar nicht ausgelegt waren – entwickelte sich die Militärluftfahrt während des Ersten Weltkriegs so schnell, daß viele Taktiken entstanden, die noch heute angewandt werden. Wie die schnelle Entwicklung von Kampfflugzeugen bestätigte, hatten alle Kriegsparteien erkannt, daß derjenige, der die Luftüberlegenheit errang, auch das Geschehen am Boden beeinflussen konnte. Viele der von Boelcke entwickelten und durch von Richthofen befürworteten Taktiken haben ihre Bedeutung bis heute nicht verloren, und der Einsatz der taktischen Bomber während der letzten 18 Monate des Ersten Weltkriegs lieferte die Erfahrungen, ohne die die schrecklichen Zerstörungen durch die Luftkriegsführung des Zweiten Weltkriegs nicht möglich gewesen wären.

PALMER CORD AERO TYRE

Oben *Leisure Sport verfügte zeitweilig über eine eindrucksvolle Sammlung von Jagdflugzeug-Nachbauten. Dazu gehörten zwei Sopwith Camel von Viv Bellamy, von denen eine, mit einem 130-PS-Clerget-Umlaufmotor ausgerüstet, an das Museum in Brooklands übergeben wurde, wo sie heute gelegentlich auf dem ehemaligen Flugplatz- bzw. Rennbahngelände zu sehen ist, das für zahlreiche Camel-Erprobungsflüge verwendet wurde. Die andere wurde mit einem Warner-Motor ausgerüstet und ging schließlich an das Fleet Air Arm Museum, wo sie eine neue Lackierung in den Farben des 3. RNAS-Geschwaders erhielt. Die Camel wurde eine Zeitlang in flugfähigem Zustand gehalten, doch wegen der hohen Kosten, die der Betrieb eines Oldtimernachbaus verursacht, fliegt sie seit einiger Zeit nicht mehr und dient derzeit, mit einem nicht flugtauglichen Clerget-Motor bestückt, als Ausstellungsobjekt.*

Links *Die Firma Skysport Engineering in Bedfordshire hat in den letzten Jahren eine Reihe von Oldtimern nachgebaut und restauriert. Dazu gehört auch dieser Nachbau einer Sopwith Dove, der von dem britischen Sammler Roger Reeves in Auftrag gegeben worden war. Es gibt einige Feinheiten, die die Dove von der Pup unterscheiden, so z. B. der tieferliegende Rumpf, die quadratischere Formgebung der Flügelspitzen, die etwas anders geformte Seitenflosse und der Versatz der Tragflächenpaare gegeneinander, durch den die Verlegung des Schwerpunkts ausgeglichen wurde. Doch alle diese oberflächlichen Änderungen können nicht darüber hinwegtäuschen, daß die Dove zweifellos aus der Pup abgeleitet wurde.*

Oben *Die S.E.5a der Royal Aircraft Factory bildete eine Ausnahme unter allen britischen Flugzeugen, da sie von einem Hispano-Suiza-V8-Motor (bzw. der britischen Version Wolseley Viper) angetrieben wurde. Der Kühler dieses Triebwerks war wegen des besseren Luftdurchsatzes hinter dem Propeller angeordnet und ließ die Flugzeugnase stumpfer wirken als bei dem Sopwith-Typen, die mit Umlaufmotoren ausgerüstet waren. Bemerkenswerterweise war er außerdem mit Kühlluftklappen ausgestattet, über die der Luftstrom durch den Kühler reguliert werden konnte. Diese Klappen sind auf diesem Foto der S.E.5a der Shuttleworth Collection deutlich zu erkennen, ebenso die rechte Zylinderreihe des Wolseley Viper.*

Rechts *Die Dove war unter dem Gesichtspunkt konstruiert worden, ein kostengünstiges Leichtflugzeug anbieten zu können, fand aber in der Nachkriegszeit keine Abnehmer. Ob dies am Preis lag oder daran, daß die Zeit einfach noch nicht reif für Flugzeuge dieser Art war, läßt sich im nachhinein schwer sagen. Fest steht, daß der Leichtflugzeugmarkt wenige Jahre später von Geoffrey de Havilland beherrscht wurde, einem anderen Flugzeugkonstrukteur, dessen Maschinen schon im Ersten Weltkrieg geflogen waren. Die Maschinen seiner legendären „Moth"-Baureihe hatten ähnliche Abmessungen wie die Dove, verfügten über fast identische Tragflächen und wurden von einem gedrosselten Renault-Motor angetrieben, wie er schon früher bei der B.E.2 eingesetzt worden war. Die hier abgebildete Dove befindet sich heute in Old Warden, wo zeitweise eine Pup, eine Camel, ein Sopwith-Dreidecker und eine Dove — selbstverständlich alle in flugtauglichem Zustand — zu sehen waren.*

-FAGA
PALMER CORD AERO TYRE

Rechts *Bis vor kurzem gab es in Großbritannien noch zwei flugfähige S.E.5a. Eine gehörte der Shuttleworth Collection, die andere – eine S.E.5e – dem verstorbenen Patrick Lindsay. Die S.E.5e war in England als „a"-Version gebaut, jedoch in den USA von der Eberhard Steel Company restauriert worden (daher die neue Bezeichnung „e"). Flugzeuge des Typs S.E.5e wurden viele Jahre lang vom United States Army Air Corps (USAAC) eingesetzt und nach ihrer Ausmusterung zu Dreharbeiten für einige Hollywood-Fliegerfilme der dreißiger Jahre verwendet. Die S.E.5e von Lindsay machte hier keine Ausnahme; auch sie flog, während sie sich im Besitz des legendären Hollywood-Piloten Frank Tallman befand, in mindestens zwei bekannten Filmen. Nach dessen Tod gelangte sie an die Flugzeugsammlung „Wings and Wheels" in Orlando (Florida). Im Verlauf der Auktion, mit der die Sammlung später aufgelöst wurde, wurde sie von Patrick Lindsay ersteigert, der sie von Personal Plane Services komplett restaurieren und zu einer S.E.5a umbauen ließ. Dort wurde sie auch mit der Bemalung der Maschine des RFC-Spitzenpiloten Edwin „Mick" Mannock von der 56. Staffel versehen. Bei einigen seltenen Gelegenheiten konnte man die beiden S.E.5.a früher zusammen sehen; ob dies allerdings in Zukunft noch möglich sein wird, ist mehr als fraglich, denn die Maschine wurde kürzlich an einen amerikanischen Sammler verkauft.*

Oben *Die S.E.5a der Shuttleworth Collection ist eine von mehreren baugleichen Maschinen, die in den zwanziger Jahren von einer Firma namens Savage Skywriting betrieben wurden. Dort wurden sie, ausgestattet mit verlängerten Auspuffrohren und speziellen Raucherzeugungsgeräten, dazu benutzt, Werbesprüche an den Himmel zu schreiben. Drei dieser Maschinen sind übriggeblieben: Die „F904" der Shuttleworth Collection, die „F938" des RAF-Museums und die G-EBIB vom Science Museum in London, die vor kurzem wieder ihre ehemalige „Himmelsschreiber"-Ausstattung erhielt. Von diesen dreien ist nur das Shuttleworth-Exemplar noch flugfähig.*

Links *Die auffällige Mannock-Bemalung kommt auf diesem Foto besonders gut zur Geltung, das Tony Bianchi, in dessen Firma die Maschine restauriert wurde, beim Zurückrollen zur Parkposition nach einer Flugvorführung in Old Warden zeigt. Von diesem Flugzeug gibt es zwar keine außergewöhnlichen Geschichten aus seiner Militärlaufbahn zu berichten, doch während ihres Einsatzes beim USAAC gehörten keine Geringeren als Charles Lindbergh und Gen Charles „Chuck" Yeager zu ihren Piloten – insofern ist sie also schon etwas Besonderes.*

Oben *Auf diesem Foto, das die S.E.5a bei den letzten Startvorbereitungen zeigt, sind gut das auf der oberen Tragfläche montierte Lewis-Maschinengewehr und die vor dem Piloten angeordnete Teleskop-Zielvorrichtung zu erkennen. Für die Deutschen waren die Zielvorrichtungen eine begehrte Kriegsbeute, und viele dieser Geräte, die aus abgeschossenen britischen Maschinen ausgebaut worden waren, kamen damals in deutschen Jagdflugzeugen zum Einsatz.*

Rechts *Die S.E.5a der Shuttleworth Collection wurde in den späten fünfziger Jahren vom Royal Aircraft Establishment in Farnborough restauriert, wo sie seinerzeit auch konstruiert worden war, und nach ihrer Fertigstellung blieb Farnborough noch eine Zeitlang ihr Heimatflugplatz. Während dieser Zeit wurde sie häufig vom kommandierenden Offizier von Farnborough, Wing Commander Dave Bywater, geflogen. Die Aufnahme rechts zeigt ihn, während er die D.H.51 der Shuttleworth Collection während eines Fotofluges über Old Warden in Position bringt, wo sie von Dave Davies fotografiert wurde. Solche Flüge sind wegen der stark eingeschränkten Lebensdauer der verwendeten Originalmotoren ebenso selten wie kurz und werden daher im allgemeinen mit verschiedenen Flugtests und/oder Flügen zur Inübunghaltung verbunden.*

F
904

Oben *Glücklicherweise haben die Originalbaupläne für die S.E.5a die lange Zeit seit ihrer Entstehung weitestgehend unbeeinträchtigt überstanden, so die Anfertigung von Nachbauten kein allzu großes Problem darstellt. Ob sich allerdings der richtige Motor finden läßt, steht auf einem ganz anderen Blatt, und viele ansonsten originalgetreu hergestellte Nachbauten sind mit modernen Triebwerken ausgerüstet. Auch die S.E.5 von Javier Arango bildet hier keine Ausnahme: Sie fliegt mit einem 200 PS starken Lycoming 0-360. Natürlich ist ein solcher Motor weitaus leichter instandzuhalten als der Hispano-Suiza aus der Originalmaschine, und er bietet den Vorteil, daß der Pilot viel mehr Stunden in der Luft verbringen kann als es mit dem Originalmotor möglich wäre. Puristen mögen hierüber die Nase rümpfen, doch ein Vorteil einer solchen Lösung ist zweifellos, daß die Oldtimer aus dem Ersten Weltkrieg vielen Beobachtern auffallen, die sonst wohl nie mit Maschinen dieser Art in Berührung kommen würden. Und auch ihre Besitzer wie z. B. Javier Arango können auf diese Weise wesentlich mehr Flugstunden in ihren Oldtimern verbringen.*

Links *Nicht nur Privatleute stellen Oldtimernachbauten her. Für eine Filmgesellschaft beispielsweise, die ein Filmepos über den Ersten Weltkrieg drehen will, zählen Verfügbarkeit und Zuverlässigkeit mehr als historische Details. Viele Flugzeuge, die im Laufe der Jahre in Filmen mitgewirkt haben, entstanden durch Umbau von bekannteren Mustern. Schon 1930 flog eine Travelair 4000 in dem Howard-Hughes-Film* Hell's Angels *als Ersatz für eine Fokker D.VII, und auch die Stampe war eine beliebte Maschine zur Darstellung einer Reihe anderer Typen, unter ihnen auch die S.E.5. So wurden mehrere Stampe für den wundervoll realistischen Film* Aces High *aus dem Jahr 1976 von Personal Plane Services umgebaut. Neue Cowlings wurden hergestellt, Maschinengewehre angefertigt, der Leitwerksbereich der Maschinen überarbeitet und der Rumpf zu einem Einsitzer umgearbeitet. Während der Dreharbeiten absolvierten die „S.E.5a" rund 30 Flugstunden – viel mehr als die meisten Originalmaschinen in fünf Jahren zusammenbekommen!*

Oben *Der Bristol Fighter war eines der besten Flugzeuge, die aus dem Ersten Weltkrieg hervorgingen, und wurde von der RAF bis 1932 geflogen. Das Exemplar der Shuttleworth Collection wurde 1918 gebaut, kam aber niemals im Krieg zum Einsatz. 1936 kaufte es ein ehemaliger RFC-Offizier von der Regierung, um es zu restaurieren, doch diese Pläne wurden nie verwirklicht. 1949 wurde die Maschine in einer Scheune wiederentdeckt, vom Shuttleworth Trust aufgekauft und der Bristol Aeroplane Company, die sie 31 Jahre zuvor gebaut hatte, zur Restaurierung übergeben. 1951 flog sie wieder, gesteuert vom Bristol-Cheftestpiloten Bill Pegg. Sie behielt fortan viele Jahre lang ihre silberne Gestaltung und die Kennzeichnung der 208. Staffel, bei der sie 1923 in der Türkei im Einsatz war.*

Rechts *Um ein feindliches Flugzeug abschießen zu können, entwikkelten die Jagdflieger des Ersten Weltkriegs die Taktik, sich von hinten „anzuschleichen", da die Maschinen in diesem Sektor am verwundbarsten waren, denn zum einen war der Pilot nach hinten blind und zum anderen konnte er ohnehin nur nach vorn feuern. Der Bristol Fighter durchbrach diese Konvention, denn er verfügte über einen eigenen Kampfstand hinter dem Cockpit des Piloten, von dem aus ein Bordschütze das auf einem sogenannten Scarff-Ring beweglich montierte Lewis-Maschinengewehr bediente. Der Scarff-Ring gestattete es, das Maschinengewehr ohne Kraftaufwand in die gewünschte Position zu bringen, so daß sich der Schütze voll auf das Zielen konzentrieren konnte, ohne das Gewehr halten zu müssen.*

D8096
D
8096

Oben *Der Rolls-Royce-Motor des Bristol Fighter verfügt wie die meisten Motoren aus dem Ersten Weltkrieg nicht über einen Anlasser. Unter den Zubehörteilen, die man zusammen mit dem Bristol Fighter gefunden hatte, gehörte auch ein Hucks-Starter, der auf dem Chassis eines Ford Modell T montiert war und zum Anwerfen des Motors diente. Solch ein Gerät steht jedoch nicht immer und überall zur Verfügung, so daß der Motor, wie man oben sieht, nach der „Armstrong"-Methode angeworfen werden muß. Die meisten Umlaufmotoren können von einer Hilfsperson angeworfen werden; der massige Falcon-Motor hingegen erfordert zwei oder drei Mann, die gemeinsam dem Kompressionsdruck entgegenwirken müssen. Ein weiterer Vorteil einer solchen „Gemeinschaftsaktion" ist, daß derjenige, der den Kontakt zum Propeller herstellen muß, von den anderen von der Maschine weggezogen wird. Somit sinkt die Gefahr einer schmerzhaften Berührung mit dem Propeller nach dem Anspringen des Motors.*

Oben rechts *Ist der Motor erst einmal angesprungen, werden alle notwendigen Checks so schnell wie möglich erledigt, um wertvolle Motorbetriebsstunden zu sparen und die Temperaturen im zulässigen Bereich zu halten. Da die Maschine keine Bremsen hat, erfolgt das Abbremsen (also der Vollgastest) durch Unterkeilen der Räder mit Bremsklötzen, wobei als zusätzliche Sicherung zwei Helfer die Maschine an den Tragflächen zurückhalten. Diese beiden Personen unterstützen den Piloten auch beim Manövrieren des Flugzeugs am Boden, da die Sicht nach vorn durch die riesige Cowling des Motors stark behindert wird. Wie man auf diesem Foto sieht, ist der Platz des Bordschützen leer; das fehlende Gewicht muß allerdings durch entsprechenden Ballast ausgeglichen werden.*

Rechts *Einer der Höhepunkte des Sommers sind die von Mai bis August einmal monatlich und stets abends abgehaltenen Flugvorführungen auf Old Warden. Sie beginnen um 19 Uhr und dauern bis kurz vor Sonnenuntergang. Ein Vorteil dieser Tageszeit ist, daß der Wind in aller Regel wesentlich schwächer ist – eine wichtige Voraussetzung dafür, daß die zerbrechlichen Maschinen überhaupt starten dürfen. Der Bristol Fighter ist zwar keineswegs ein zerbrechliches Flugzeug, aber auch er profitiert von der Tageszeit, denn die Abendsonne läßt Tarnanstrich und Bemalung in einem besonders stimmungsvollen Licht erscheinen. Nach seiner Restaurierung Anfang der achtziger Jahre erhielt der Bristol Fighter, stellvertretend für die vielen F.2Bs aus dem Ersten Weltkrieg, den PC10-Standardanstrich von 1918.*

D
D8096
D8096

D

Rechts *Viele Jahre lang gab es in Großbritannien nur zwei Bristol Fighter, nämlich das Exemplar der Shuttleworth Collection und die E2581 vom Imperial War Museum. Das änderte sich mit der Entdeckung von sage und schreibe sechs Original-Rümpfen, die in einer Scheune in Weston-on-the-Green als Fachwerkträger für das Dach zweckentfremdet worden waren. Ein Rumpf wurde vom RAF-Museum übernommen, wo außerdem neue Tragflächen und eine ziemlich überzeugend wirkende Motorattrappe entstanden und mit einer Vielzahl von Originalersatzteilen zu der F.2B zusammengebaut wurden, die heute in Hendon zu sehen ist. Ein zweiter Rumpf wurde unter Verwendung eines Hispano-Suiza-Motors restauriert und steht jetzt im Luftfahrtmuseum von Brüssel, während ein dritter an Aero Vintage in Sussex ging, wo er gegenwärtig zur Restaurierung eines flugfähigen Bristol Fighter verwendet wird. Auch der abgebildete Rumpf war zur Anfertigung eines flugtauglichen Exemplars für den Sammler Stephen Grey vorgesehen, wobei zwei Originaltragflächen verwendet werden sollen, die andernorts entdeckt worden waren. Das Foto von Ian Frimston zeigt das noch nicht bespannte, aber schon zusammengebaute Flugzeug im Juni 1992.*

Oben *Nach dem Bespannen erhielt der Bristol Fighter von Grey die Kennzeichnungen der „D8084“ der 139. Staffel, die an der Italienfront im Einsatz war. Der Abschluß der Restaurierungsarbeiten verzögerte sich allerdings mehrere Jahre – wieder einmal wegen der Nichtverfügbarkeit eines Motors. Man wußte, daß es nur noch sehr wenige Rolls-Royce-Motoren vom Typ Falcon gab, und führte eine weltweite Suchaktion durch, bei der auch tatsächlich ein Falcon-Motor gefunden wurde – in Prag. Dieser Motor wird zur Zeit in Duxford grundüberholt, wo er schließlich auch in den bereits fertiggestellten Rumpf eingebaut werden wird, so daß der Bristol Fighter, wenn alles gutgeht, 1995 wieder starten kann.*

Aviation Militaire

Hand in Hand mit den Fortschritten in der Aerodynamik im Bau neuer Flugzeuge ging die Entwicklung immer leistungsfähigerer Motoren. Die in den Flugzeugen der ersten Kriegstage eingesetzten Triebwerke waren weitestgehend mit denen identisch, die auch schon vor dem Krieg verfügbar waren, und zumeist schwer, leistungsschwach und unzuverlässig. Die Suche nach Motoren, deren Leistung groß genug und deren Gewicht gering genug war, um einem Flugzeug zum Fliegen zu verhelfen, war das Hauptproblem aller Luftfahrtpioniere des spären 19. und des beginnenden 20. Jahrhunderts. Viele Luftfahrthistoriker vertreten die (plausible) Auffassung, daß Otto Lilienthal, der schon in den neunziger Jahren des vorigen Jahrhunderts Hängegleiter konstruierte und flog, den Wright-Brüdern bei der Durchführung des ersten stationären Motorfluges um Jahre zuvorgekommen wäre, hätte ihm nur ein brauchbarer, leichter Motor zur Verfügung gestanden. Bedauerlicherweise kam er aber bei einem Gleitflug ums Leben, bevor er eine seiner Konstruktionen mit einem geeigneten Triebwerk ausstatten konnte.

In den letzten Jahren vor dem Ersten Weltkrieg waren vor allem zwei Motoren populär: Der wassergekühlte V8-Motor „Antoinette“ mit 50 PS und der Fünfzylinder-Gnôme-Umlaufmotor, der eine ähnliche Leistung entwickelte. Die Grundidee bei einem Umlaufmotor ist, daß eine stets ausreichende Kühlung auch bei niedrigen Fluggeschwindigkeiten dadurch sichergestellt wird, daß der Motor selbst rotiert. Dazu wurde — im Gegensatz zum „normalen“ Motor — die Kurbelwelle fest mit dem Flugzeugrumpf und das Kurbelgehäuse mit dem Propeller verbunden. Auf diese Weise drehte sich der ganze Motor mit derselben Drehzahl wie der Propeller. Offensichtlicher Vorteil dieser Anordnung war, daß die Zylinder nun in jedem Betriebszustand von reichlich Kühlluft umströmt wurden.

Ein ebenso offensichtlicher Nachteil war aber, daß die Zufuhr des Treibstoff-Öl-Gemischs zu den Zylindern konstruktiv schwierig zu bewerkstelligen war, da ja jeder Zylinder nur für einen Sekundenbruchteil an einer bestimmten Position des Drehkreises verblieb. Dieses Problem löste man, in dem das Gemisch über ein in die hohle Kurbelwelle eingebautes Drosselventil in das Kurbelgehäuse eingespritzt wurde, von wo es anschließend durch die Zentrifugalkraft in die Zylinder gelangte. Damit ein Umlaufmotor überhaupt eine brauchbare Leistung enwickelte, mußte er leicht sein, was ihn zu einem idealen Flugzeugmotor machte; diese Forderung erschwerte und verteuerte seine Herstellung allerdings erheblich.

Viele der besten Kampfflugzeuge dieser Zeit waren mit Umlaufmotoren unterschiedlichster Leistung und Bauweise ausgestattet. Die drei wichtigsten Modelle — Gnôme, Le Rhône und Clerget — kamen aus Frankreich, doch auch andernorts wurden Umlaufmotoren gebaut. So waren beispielsweise die deutschen Oberursel-Motoren de facto Nachbauten von Gnôme- bzw. Le-Rhône-Motoren (je nachdem, welche Ausführung man betrachtete), und auch der hervorragende und für seine Zeit sehr moderne Bentley war aus dem Clerget-Motor abgeleitet. Viele der Motoren wurden von Unterauftragnehmern in England, den USA und Italien gebaut. Wegen ihres geringen Gewichts und ihrer kompakten Bauweise eigneten sie sich bestens für Kampfflugzeuge und ermöglichten es den Konstrukteuren, leichte und wendige Flugzeuge zu realisieren. Die Kehrseite der Medaille war allerdings, daß sie einen hohen Treibstoff- und Ölverbrauch hatten und einen wesentlich höheren Wartungsaufwand

Oben rechts *Die durch ihre Kanalüberquerung berühmt gewordene Blériot XI war ein sehr erfolgreiches Flugzeug, wenn man davon absieht, daß die Tragflächen recht störanfällig waren. Aus diesem Grund baute Blériot eine verbesserte Version mit größeren Flügelholmen und zwei Sitzen. In dieser Version hieß sie „Blériot XI-2“ oder* Militaire *und wurde während der ersten Kriegsjahre sowohl von den französischen als auch den britischen Luftstreitkräfte geflogen. In den Originalmaschinen kamen verschiedene Motoren zur Anwendung; dieser für die Salis-Flugzeugsammlung angefertigte Nachbau wird von einem Le Rhône mit einer Leistung von 80 PS angetrieben. Er trägt die gleiche Bemalung wie das Flugzeug des ehemaligen Blériot-Testpiloten Aldolphe Pégoud, der 1915 im Luftkampf fiel.*

Rechts *Die Caudron G.III wurde von Franzosen und Briten zu Beginn des Krieges als Beobachtungsflugzeug eingesetzt, und nicht wenige Maschinen dieses Typs landeten später als Schulmaschinen bei Ausbildungseinheiten. Sie konnte wahlweise mit einem Umlaufmotor oder einem 100-PS-Anzani-Sternmotor ausgerüstet werden. Einige Originalmaschinen fliegen heute noch; es wurden aber auch ein paar Nachbauten angefertigt, wie z. B. die rechts abgebildete Maschine, die der Salis-Sammlung in La Ferté Alais bei Paris gehört und von einem 100-PS-Anzani angetrieben wurde. Leider fliegt sie heute nicht mehr, da sie an ein ausländisches Museum verkauft wurde.*

Ville de Buc

Oben *Dieser Nachbau einer Morane N wurde ursprünglich für den Film* Der Blaue Max *von Personal Planes Service angefertigt, später aber auch bei Dreharbeiten zu zahlreichen anderen Filmen über den Ersten Weltkrieg eingesetzt. Die Maschine wurde nach Originalplänen gebaut, dabei jedoch so modifiziert, daß sie die erhöhten Zuverlässigkeits- und Sicherheitsanforderungen für die Dreharbeiten erfüllte. Der Rumpf besteht aus einem geschweißten Stahlrohrgerüst, und die Tragflächen erhielten — im Gegensatz zum Original, das durch Verdrehen der Flügel gesteuert wurde — eine Quersteuerung. Auch die Leitwerksflächen wurden modifiziert, da im Original kein separates Höhenruder vorgesehen war, sondern die Längesneigung durch Verdrehen des Höhenflossenholms reguliert wurde. Dadurch war die Morane etwas instabil um die Querachse. Angetrieben wird das Flugzeug von einem Comtinental als Ersatz für den ursprünglich verwendeten 80 PS starken Le Rhône. Das Ergebnis war ein Flugzeug, das für Filmaufnahmen ausreichend originalgetreu aussah, wenngleich es auch nicht länger als einige Minuten in der Luft bleiben konnte.*

Links *Die G.III ist so eng mit der Salis-Sammlung verbunden — auf dem ehemaligen Flugplatzschild war sogar eine Maschine dieses Typs abgebildet -, daß es nur eine Frage der Zeit war, bis man den Nachbau eines solchen Flugzeugs in Angriff nehmen würde. Die Arbeiten begannen 1992, und der von einem 120-PS-Walther-Sternmotor angetriebene Nachbau absolvierte Anfang 1994 seinen Erstflug. Die Caudron ist ohne große Finessen aufgebaut; so wird die Querneigung beispielsweise nur durch Verdrehen der Flügel gesteuert, und die beiden Heckausleger dienen zugleich als Gleitkufen. Aufgrund der relativ großen Abmessungen und des von der Struktur erzeugten Luftwiderstands ist sie überdies extrem langsam.*

erforderten als Stern- oder Reihenmotoren. Außerdem war die von den Umlaufmotoren erzielte Drehzahl und damit die verfügbare Antriebsleistung begrenzt. Der unbestritten gelungenste Motor aus dieser Zeit war der Bentley B.R.2, der 230 PS Nennleistung lieferte und in das letzte Sopwith-Kampfflugzeug, die Snipe, eingebaut wurde. Noch Jahrzehnte nach dem Ende des Ersten Weltkriegs beurteilten die Ingenieure die letzten im Krieg entstandenen Umlaufmotorkonstruktionen dahingehend, daß Motoren wie z. B. der große Le Rhône und der Gnôme-Monosoupape 9N bezüglich ihrer Leistungsfähigkeit weit unterschätzt worden waren. Versuchsweise baute man ein Exemplar des mit 160 PS Nennleistung angegebenen 9N in die restaurierte Nieuport 28 von Aero Vintage ein, woraufhin ihr Besitzer berichtete, daß ihm mit der so umgerüsteten Maschine ein fast senkrechter Steigflug gelungen sei und er die Leistung des Motors auf fast 400 PS schätzte!

Wie auch immer: Umlaufmotoren sind grundsätzlich schwierig zu handhaben und müssen entweder im Leerlauf oder mit Vollgas betrieben werden. Eine Feindosierung der Motorleistung ist so gut wie unmöglich. Um dem Piloten (beispielsweise während des Landeanflugs) wenigstens ein gewisses Maß an Kontrolle über die Leistung zu geben, wurde ein sogenannter „blip switch“ an der Steuersäule angebracht. Mit diesem Schalter konnte die Zündung für mehrere oder auch alle Zylinder unterbrochen werden, wobei die Leistung kurzzeitig zurückging. Bei Nieuport verfeinerte man dieses Konzept, indem man eine Steuerung zum kontrollierten Unterbrechen der Zündung für mehrere Zylinder entwickelte. Diese Schaltergruppe hatte verschiedene Einstellpositionen, die bewirkten, daß nur ganz bestimmte Zylindergruppen zündeten. Der 160-PS-Gnôme läuft auch noch mit einem einzigen Zylinder, wobei er eine Geräuschkulisse wie ein Maschinengewehr entwickelt. Als Anhaltspunkt für die Leistungsfähigkeit dieser Motoren mag gelten, daß die Nieuport 28 ihren Erstflug mit der Schalterstellung „3“ absolvierte, wobei nur jeder zweite Zylinder zündete.

In Fällen, in denen es nicht so sehr auf niedriges Gewicht und geringe Abmessungen ankam, bevorzugten die Konstrukteure Reihen- oder V-Motoren. Die acht Zylinder des bereits erwähnten Vorkriegsmotors vom Typ „Antoinette“ lieferten bereits 50 PS. Als der Krieg zu Ende ging, gab es in Amerika den V12-Liberty-Motor mit 400 PS Nennleistung, und der 450 PS starke Napier Lion mit W-Konfiguration ging gerade in die Serienfertigung. Beide Motoren wurden nach dem Krieg noch viele Jahre eingesetzt. Als der Waffenstillstand unterzeichnet wurde, arbeitete man bei Rolls-Royce gerade an dem 600 PS starken Condor, wobei man viele wertvolle Erfahrungen sammeln konnte, die später bei der Entwicklung der Merlin- und Griffon-Motoren des Zweiten Weltkriegs von Vorteil sein sollten.

Viele der deutschen und österreichisch-ungarischen Flugzeuge wurden von Sechszylinder-Reihenmotoren angetrieben, wobei die Leistungen von den 100 PS des Argus-Motors bis zu 260 PS beim Mercedes-Motor reichten. Die Fokker D.VII wurde ursprünglich mit dem 165-PS-Motor von Mercedes ausgerüstet, in späteren — als D.VIIF bezeichneten — Versionen jedoch mit dem höher verdichtenden BMW IIIa mit 185 PS bestückt. Diese Version war für den Einsatz in größeren Höhen ausgelegt und konnte unterhalb von 6000 Fuß nicht mit Vollgas geflogen werden. Im Bereich der Dienstgipfelhöhe dagegen entwickelte die D.VII ausgezeichnete Flugleistungen, und in Verbindung mit dem dicken Flügelprofil, das entsprechend viel Auftrieb erzeugte, war sie daher in großen Höhen kaum zu schlagen.

In der Ausgabe von *Jane's All the World's Aircraft* aus dem Jahr 1919 heißt es über den Hispano-Suiza-Motor, wie er in der S.E.5a, der SPAD, der Sopwith Dolphin und vielen anderen Kampfflugzeugen der Alliierten eingesetzt wurde: „Eines der erfolgreichsten Triebwerke der Welt“. Zwar war der Hersteller eine spanische Firma, doch

Oben rechts *Ebenso wie die Sopwith Pup war die Nieuport XI ein leichtes, wendiges Jagdflugzeug, das von einem 80-PS-Le-Rhône-Motor angetrieben wurde und mit einem einzigen Maschinengewehr bewaffnet war. Im Gegensatz zur Pup allerdings verfügte sie nicht über ein Sperrgetriebe, so daß das Maschinengewehr so weit oben montiert werden mußte, daß die Propellerkreisfläche nicht im Schußfeld lag. Die einzige Originalmaschine dieses Typs steht im* Musée de l'Air *in Le Bourget; es wurden aber noch mehrere Nachbauten hergestellt, die teils in Filmdreharbeiten eingesetzt wurden und teils im Besitz privater Sammler sind. Diese Maschine, 1977 in La Ferté Alais fotografiert, gehörte zu einer Kleinserie, die von der Firma Williams Flugzeugbau des in Deutschland lebenden Amerikaners Art Williams für einen Film gebaut wurde. Der Film allerdings wurde nie produziert.*

Unten rechts *Wie bei vielen Nachbauten, die zur Verwendung in Fliegerfilmen vorgesehen waren, wies auch die Williams Nieuport XI im Vergleich zum Original etliche Vereinfachungen auf. In diesem Beispiel wurde der 80-PS-Le-Rhône-Motor durch einen kleinen Sternmotor ersetzt, und auch der Rumpf unterscheidet sich von dem des Vorbilds, da er nicht aus Holzspanten mit Beplankung hergestellt wurde, sondern aus einem bespannten Stahlrohrgerüst besteht. Die dünnen Stangen, die zwischen den vor dem Cockpit befindlichen Streben aus dem Rumpf ragen, dienen zur Auslenkung der Querruder über ein Torsionsrohr, das sich hinter dem hinteren Flügelholm der oberen Tragfläche befindet.*

BLERIOT
VOISIN

FLORA
N
1538
12

die Motoren wurden in England, Frankreich, der Tschechoslowakei und den USA in Lizenz gebaut, und viele von ihnen blieben noch Jahre nach Kriegsende im Einsatz. Allerdings unterschieden sich die einzelnen Versionen dieses bemerkenswerten V8-Motors nicht unerheblich. Die getriebelose 180-PS-Version, wie sie in die SPAD VII eingebaut wurde, war ein ausgezeichnetes und für die damalige Zeit sehr zuverlässiges Triebwerk. Die daraus entstandene 220-PS-Version dagegen, die in der SPAD XIII zum Einsatz kam, war – zumindest anfangs – bei weitem nicht so erfolgreich. So ähnlich dieser Motor der 180-PS-Version auch war – das Untersetzungsgetriebe verursachte hartnäckige technische Probleme. Schwierigkeiten gab es auch mit einigen von den Unterauftragnehmern in Lizenz hergestellten Produkten, was auf sehr lükkenhafte Qualitätskontrollen in diesen Betrieben zurückzuführen war. Ausgesprochen berüchtigt für Motoren mit Qualitätsproblemen waren die Brasier-Werke in Frankreich, deren damaliges Firmenmotto angeblich lautete: „Besser schlechte Motoren als gar keine!" Die Untersetzungsgetriebe, die Brasier für die SPAD XIII herstellte, fielen mit großer Regelmäßigkeit aus, wobei sich der Propeller löste und nicht selten auch den Kühler mit sich riß. Bei der ohnehin schon ziemlich schwanzlastigen SPAD führte

Oben *Wenn die Filmgesellschaften Oldtimer aus dem Ersten Weltkrieg bei Filmaufnahmen einsetzen, legen sie meist keinen besonderen Wert darauf, daß diese Maschinen originalgetreu nachgebaut wurden. Das Foto oben zeigt als extremes Beispiel eine Nieuport XI, deren Rumpf so umkonstruiert wurde, daß dieser Eindecker entstand, der in dieser Form vor einigen Jahren sogar vom Flugplatz La Ferté Alais abhob! Ob er vielleicht einen Morane-Mitteldecker darstellen sollte, ist nicht bekannt; seine Erbauer jedenfalls gaben ihm den Spitznamen „Bastard".*

das dazu, daß die Maschine wegen des fehlenden Gewichts im vorderen Bereich mit dem Leitwerk voraus abstürzte, wobei der Pilot in aller Regel ums Leben kam.

Bis zum Kriegsende waren die Kühlungsprobleme, die die Konstrukteure zum Bau von Umlaufmotoren veranlaßt hatten, fast gelöst. Dies ebnete der Entwicklung größerer luftgekühlter Sternmotoren den Weg. Einige Sternmotoren waren bereits während des Krieges im Einsatz gewesen, aber viele von ihnen – z.B. der Canton Unne, mit dem die Salmson-Bomber und einige Voisins ausgestattet waren – hatten noch eine Wasserkühlung. Noch während des Krieges baute die Firma A.B.C luftgekühlte Sternmotoren, die allerdings Vibrationsprobleme hatten und häufig ausfielen. Die Snipe beispielsweise sollte eigentlich einen 320 PS starken Dragonfly von A.B.C. erhalten, wurde aber statt dessen mit einem Bentley-Umlaufmotor ausgerüstet. Auch die Bristol Aircraft Company experimentierte mit luftgekühlten Sternmotoren, und 1918 tauchte der erste von ihnen unter der Bezeichnung Cosmos Jupiter auf. Dieser Motor war der Vorläufer einer Serie von Bristol-Motoren, deren Geschichte bis in die fünfziger Jahre reichen sollte.

Oben *Ein weiterer Nachbau aus der Salis-Sammlung, der inzwischen im Museum steht, ist diese Rennmaschine vom Typ Deperdussin A. Das Original wurde von Louis Bechereau – dem späteren SPAD-Konstrukteur – entworfen und erreichte als erstes Flugzeug der Welt eine Geschwindigkeit von mehr als 200 km/h. Der Antrieb bestand aus einem 160-PS-Gnôme-Umlaufmotor, der widerstandsgünstig in den Rumpf integriert war.*

Unten *Die Linienführung der Deperdussin macht auf den heutigen Betrachter angesichts des hohen Alters der Maschine einen überraschend modernen Eindruck, und es ist verwunderlich, daß diese Maschine nicht zu einem Kampfflugzeug weiterentwikkelt wurde. Auch die Konstruktion mit dem Sperrholzrumpf in Integralschalenbauweise war für die damalige Zeit schon sehr fortschrittlich. Der hier gezeigte Nachbau unterscheidet sich vom Original nur durch seinen etwas moderneren Gnôme-Motor mit 160 PS und die Querrudersteuerung anstelle der in der Originalmaschine angewandten Steuerung, bei der die Flügel gegeneinander verdreht wurden.*

Oben *Die erste Maschine in der später zum Nieuport-„Markenzeichen" gewordenen Anderthalbdeckerbauweise und mit den ebenfalls typischen V-förmigen Tragflächenstreben war die doppelsitzige Nieuport X aus dem Jahr 1914. Der Antrieb bestand aus einem Le Rhône mit 80 PS, und die Bewaffnung — nun ja, eben aus allem, was der Kampfbeobachter zu Zwecken der Luftkriegsführung mitzunehmen gedachte! Die Maschine auf dem Foto ist ein Originalflugzeug, das von dem legendären Fliegeras Charles Nungesser 1925 in die USA gebracht wurde, um dort Werbung für einen Film zu machen. Sie wurde 1988 restauriert, wobei sie zur Erinnerung an ihren früheren Besitzer dessen Erkennungszeichen — die Totenkopfflagge mit einem Sarg und zwei Kerzen — erhielt.*

Oben rechts *Eines der gelungensten Restaurierungsprojekte der letzten Jahre war sicherlich die SPAD XIII der Memorial Flight Association, die heute in Dugny bei Le Bourget beheimatet ist. Diese SPAD, eine Originalmaschine aus dem Ersten Weltkrieg, wurde dem Verein von Jean Salis gespendet. Durch die engen Kontakte des Vereins mit dem* Musée de l'Air *gelang die Beschaffung zahlreicher schwer erhältlicher Originalersatzteile, und es konnte sogar ein 220-PS-Originalmotor vom Typ Hispano-Suiza aufgespürt und eingebaut werden. 1988, als Thierry Thomassin dieses Foto machte, war der Rumpf fertig zum Bespannen. Mit einem Rumpf, der zu rund 75 Prozent aus Holz besteht, und einem Original-Anteil von etwa 90 Prozent bei den Metallteilen ist diese SPAD einer der wertvollsten aller noch fliegenden Oldtimer aus dem Ersten Weltkrieg.*

Rechts *Das Cockpit der SPAD mit seinen offenbar planlos verteilten Instrumenten ist typisch für die Flugzeuge dieser Epoche. Aus der hier gezeigten Perspektive erkennt man die Benzinleitung, die von rechts oben zu dem unter dem Cockpitboden liegenden Treibstofftank verläuft, ferner den unten rechts angeordneten Startermagneten, der von Hand angekurbelt wurde, sowie das hintere Ende des Motors, das dem Piloten fast bis zu den Knien reicht und seine Füße mit einem konstanten Warmluftstrom versorgt.*

Pampers

Oben *Bis zum Juni 1990 war die Restaurierung der SPAD abgeschlossen, und das Flugzeug wurde von der ehemaligen Werkstatt der Memorial Flight Association in Meudon nach La Ferté Alais gebracht. Auf der Airshow von 1990 konnte sie allerdings noch nicht vorgeführt werden, da die notwendigen Dokumente noch nicht ausgefertigt worden waren. Immerhin konnten die Besucher sie am Boden bestaunen, geparkt vor dem voll flugtauglichen Fokker-Dr.1-Nachbau des Vereins. Die Erkennungszeichen, die man für die SPAD ausersehen hatte, entsprechen denen von Charles Henry Dolan, der als einer der amerikanischen Freiwilligen in der* Escadrille Lafayette *geflogen waren, bevor die USA in den Krieg eintraten.*

Rechts *Alain Vallet, Präsident der Memorial Flight Association, läßt hier gerade den Hispano-Suiza der SPAD warmlaufen. Das Heck wird bei laufendem Motor üblicherweise hochgehalten, da die Schmier- und Kühlwassersysteme sonst nicht zuverlässig arbeiten. Gut zu erkennen sind die Kühlluftklappen, die zur Regulierung des Luftstroms durch den Wärmetauscher dienen, ebenso die Wölbungen der Cowling im Bereich der Zylinderköpfe sowie die Benzinleitungen, durch die der Treibstoff (allein aufgrund der Schwerkraft, also nicht mittels einer Benzinpumpe) vom obenliegenden Tank zum Motor gelangt. Seit seinem „zweiten Erstflug" im Mai 1991 ist dieses Jagdflugzeug auf der ganzen Welt die einzige heute noch flugtaugliche SPAD — und zugleich die akkurateste jemals restaurierte französische Maschine aus dem Ersten Weltkrieg. Während der Restaurierung wurde selbst bei den kleinsten Details enorme Anstrengungen unternommen, um die Maschine so originalgetreu wie möglich wiederherzustellen — so wurde beispielsweise für den Rumpfanstrich kein Flugzeuglack, sondern exakt pigmentierter Speziallack verwendet. Geflogen wird die Maschine nur gelegentlich, entweder von Alain Vallet oder Jean Salis, ohne dessen großzügige Förderung sie zweifellos hätte am Boden bleiben müssen.*

Oben *Das Champlin Fighter Museum in Arizona unterhält eine Sammlung von echten Oldtimern aus dem Ersten Weltkrieg sowie von zahlreichen Nachbauten solcher Flugzeuge, zu denen auch dieser hervorragende SPAD-Nachbau gehört, der 1987 fertiggestellt wurde. Er wurde von Dick Day aus New Jersey und Herb Tischler aus Fort Worth (Texas) angefertigt und so gestaltet wie die Maschine von Lt Frank Luke, der in Arizona geboren worden und aufgewachsen war. Bei der „Flugzeugtaufe", die nach der Fertigstellung zu seinen Ehren vorgenommen wurde, war auch seine Familie anwesend.*

Oben rechts *Viele Flugzeuge der Firma Morane Saulnier wiesen die typische Spannturm-Konfiguration auf, eine Hochdeckerkonstruktion, bei der die Tragflächen über dem Rumpf angeordnet waren und die erforderliche Stabilität durch Streben und Verspannungen bewerkstelligt wurde. Dadurch hatte der Pilot, dessen Kopf sich etwa in Höhe der Tragflächen befand, sowohl nach unten als auch nach oben eine ausgezeichnete Sicht. Die letzte Konstruktion, die im Krieg entstand, war die AI, die bei den Militärs je nach Bewaffnung MoS XXVII oder XXIX hieß. Auf diesem Foto sind zwei Maschinen dieses Typs neben einer nach dem Krieg gebauten MoS 138 zu sehen, einem weiteren Spannturm-Hochdecker, der mit einem 80-PS-Le-Rhône-Motor bestückt ist.*

Rechts *Die Frontkämpferlaufbahn der Morane Saulnier AI war — zum Teil wegen ihres temperamentvollen 160-PS-Gnôme-Motors -relativ kurz, doch als Schulmaschine wurde sie zu einem großen Erfolg, nachdem dieser Motor gegen einen 130-PS-Clerget ausgetauscht worden war. Einige AI-Originale gibt es noch, und die Salis-Sammlung verfügt über einen flugtauglichen AI-Nachbau. Ursprünglich waren drei Maschinen für einen Film nachgebaut worden, doch eine wurde später verkauft und eine dritte bei der Landung auf der Luftfahrtschau von La Ferté schwer beschädigt, wobei sie ausgerechnet in eine Reihe von Bombentrichtern rollte, die für die Dreharbeiten zu einem anderen Film angelegt worden waren!*

AZAJ

5
M
308

"MOUSTIQUE"

Oben links *Die Sammlung in La Ferté Alais war vor dem Zweiten Weltkrieg von Jean Baptiste Salis, dem Vater von Jean Salis, ins Leben gerufen worden. Viele seiner Originalflugzeuge gingen während der Zeit der deutschen Besatzung verloren, und nach dem Krieg mußte die Sammlung neu aufgebaut werden. Zu den ersten Flugzeugen, die erworben wurden, gehörten drei Originalmaschinen vom Typ Morane Saulnier AI. Zwei von ihnen gingen später ins Ausland, die dritte gelangte ins* Musée de l' Air. *1991 wurde sie der Memorial Flight Association zur Restaurierung übergeben, die Anfang 1993 mit der Fertigstellung der flugfähigen Maschine abgeschlossen wurde.*

Links *Die „AI" der Memorial Flight Association ist genau genommen eine MoS XXIX, also die Militärversion mit zwei Maschinengewehren, und flog bei der Spa 160, wie das Logo mit dem auf dem Besen reitenden Teufel zeigt. Die Wahl dieses Logos ist insofern bemerkenswert, als diese Einheit schließlich mit der* Escadrille Lafayette *und der Spa 3* Les Cinognes *(„Die Störche") zusammengelegt wurde und heute die Mirage 2000 fliegt. 1991 war die SPAD der Memorial Flight Association Ehrengast auf den Feierlichkeiten anläßlich des 75jährigen Bestehens der* Escadrille Lafayette. *So repräsentiert die Morane den historischen Werdegang dieser Einheit über nun schon mehr als sieben Jahrzehnte.*

Oben *Wie man aus dieser Perspektive erkennt, ist die Sicht aus dem Cockpit der Morane ziemlich eingeschränkt. Geradezu spartanisch ist die Instrumentierung, die lediglich aus einem Höhen- und einem Drehzahlmesser besteht. Rechts neben dem Höhenmesser befindet sich der Treibstoffpulsator, und in der Mitte ist die kleine Libelle zu sehen, die dem Piloten die Fluglage signalisieren soll. Darunter liegen die Schalter für die Benzin- und Ölzufuhr sowie der Bosch-Magnetschalter. Ganz linke befinden sich die Bedienungselemente für den 130-PS-Clerget-Motor. Die Bedienung der Vickers-Maschinengewehre erfolgte über Seilzüge, die zum Steuerknüppel führten. Die Karte ist übrigens eine Kopie einer Original-Landkarte aus dem Ersten Weltkrieg, während der Rückspiegel die Kamera des Fotografen zeigt.*

Oben *Die Morane AI des* Musée de l' Air *bzw. der Memorial Flight Association ist heute in La Ferté Alais beheimatet, ebenso wie die SPAD, ein Nachbau der Fokker Dr.1 und vieler anderen kostbaren Raritäten. Trotz ihres zerbrechlichen Erscheinungsbildes war die Morane AI sehr stabil: Die Streben, die auf diesem Foto wie Holzstreben aussehen, bestanden tatsächlich aus Stahlrohren, die nur mit Holz verkleidet waren. Die Morane hält Beschleunigungen von +8 g bis -4 g aus und ist damit so stabil wie manch eine kunstflugtaugliche Maschine. 1928 stellte ein Nachfolgemodell aus Nachkriegszeit, eine Morane 30, den unglaublichen Weltrekord von 1111 aufeinanderfolgenden Loopings auf, der — wen wundert's — bis heute nicht gebrochen wurde!*

Oben rechts *Die Morane AI der Memorial Flight Association wird normalerweise von Louis Texier geflogen, einem ehemaligen Piloten aus der* Armée de l' Air, *der sonst als Berufspilot eine L-100 Hercules fliegt. Wie viele andere Piloten von Weltkrieg-1-Veteranen, so berichtet auch Texier, daß es eigentlich schöner ist, sich beim Bier an einen Flug mit diesen Maschinen zu erinnern als tatsächlich mit ihnen zu fliegen. Die Morane ist schnell und wendig und verlangt dem Piloten bei Start und Landung einiges ab.*

Rechts *Eine andere echte Morane AI fliegt in Old Rheinbeck. Diese Maschine war eine von zweien, die 1981 auf der berühmten „Wings-and-Wheels"-Auktion in Orlando (Florida) ersteigert wurden. Anschließend wurde sie komplett restauriert, wobei sie einen 160-PS-Gnôme-Motor erhielt. Mit diesem absolut authentischen Triebwerk hat die AI höchst anspruchsvolle Flugeigenschaften, vor allem, wenn man an die beträchtliche Leistung dieses massigen Umlaufmotors und die dadurch verursachten Vibrationen denkt, die das ganze Flugzeug erschüttern.*

7

der Badz Boyz
Der Sausage Factory

Oben *Diese Rückansicht der AI von Old Rheinbeck läßt deutlich die einteilige Tragfläche mit den integrierten Querrudern und die elegante Form des im hinteren Bereich vollständig verkleideten Rumpfes von rundem Querschnitt erkennen. Vorn besteht der Rumpf aus einem Stahlrohrgerüst, während der hintere Teil in herkömmlicher Bauweise aus drahtverspannten Holzspanten aufgebaut ist. Die äußere Formgebung erfolgt dabei mit Stringern, die an einem zentralen Punkt im Heck zusammenlaufen. Im Gegensatz zu einigen früheren Morane-Saulnier-Entwürfen, die ein einteiliges Höhenruder hatten, verfügte die AI über getrennte Höhenruder.*

Rechts *Der Flugbetrieb mit einem Oldtimer aus dem Ersten Weltkrieg erfolgt keinesfalls nach dem Motto „Einsteigen und Abheben"! Stets gilt es, sorgfältig umfangreiche Startvorbereitungen an Motor und Zelle zu treffen, und selbst das Bewegen des Flugzeugs auf dem Rollfeld ist alle andere als leicht. Das Heck der AI wiegt immerhin rund 150 Kilo, und zum Herumheben des Sporns ist nur Platz für eine Person vorgesehen.*

11

USAEF

Seit dem Ende des Zweiten Weltkriegs sind immer mehr Nachbauten von Flugzeugmustern aus dem Ersten Weltkrieg entstanden, aber auch so manches Original konnte nach mühevoller Restaurierung ein zweites Mal zum Jungfernflug abheben. Zwar hatte es vor 1939 in Europa und den USA schon Leute gegeben, die versuchten, Originalmaschinen in flugfähigem Zustand zu halten, doch diese Liebhaber bildeten nur eine kleine und weitverstreute Gemeinde. Möglicherweise war es der Geist des beginnenden Atomzeitalters, der einige Leute dazu anregte, sich an den Ersten Weltkrieg als einen „sauberen" Krieg zu erinnern, in dem Flieger, denen noch Werte wie Ritterlichkeit etwas bedeuteten, Mann gegen Mann kämpften. Vielleicht steckt ein bißchen Wahrheit in dieser romantischen Betrachtungsweise; wahr ist aber auch, daß sich das Kämpfen und Sterben in den Luftkämpfen von 1917 in nichts von den Schlachten der Kriege unterschied, die noch folgen sollten.

Ein anderer Grund für die wehmütige Rückschau auf eine vergangene Fliegerherrlichkeit mag auch sein, daß sich manch einer angesichts der schnellen Weiterentwicklung der Düsenflugzeuge zu hochtechnisierten Waffensystemen die Zeit zurückwünschte, in der alles viel überschaubarer war – vielleicht aber wollten einige Luftfahrtenthusiasten auch einfach herausfinden, wie sich die Flugzeuge von damals fliegen ließen. Schließlich ist es eine Sache, sich ein Flugzeug im Museum anzusehen; etwas völlig anderes ist es jedoch, wenn man das Dröhnen der Motoren hören, die Vibration der Bespannungen und Spanndrähte beobachten, das Rizinusöl riechen, das völlig andere Steuerungsverhalten dieser Oldtimer erleben und all das mit den Leichtflugzeugen von heute – oder auch mit den Kampfflugzeugen der folgenden Generationen – vergleichen kann.

Nachbau und Instandhaltung eines Kampfflugzeugs aus dem Ersten Weltkrieg sind weitaus erschwinglicher als der Unterhalt eines Veteranen aus dem Zweiten Weltkrieg. Allerdings können die Kosten für einen Nachbau – will man ihn so originalgetreu wie möglich gestalten – oder diejenigen für einen Original-Oldtimer auch leicht auf ein Niveau steigen, das den Kosten für ein 25 Jahre später entstandenes Kampfflugzeug ziemlich nahekommt.

Die wenigen Originale aus dem Ersten Weltkrieg gehören zum überwiegenden Teil der Shuttleworth Collection in England, der Privatsammlung des verstorbenen Cole Palen im US-Bundesstaat New York und der bei Paris ansässigen Memorial Flight Association. Die übrigen befinden sich in Privatbesitz; allerdings werden immer mehr dieser unersetzlichen Exemplare allmählich an Museen übergeben, da sie zum Fliegen einfach zu wertvoll sind. Das brachte viele Oldtimerliebhaber auf die Idee, Nachbauten anzufertigen. Einige davon wurden unter Einhaltung moderner Normen angefertigt; andere wiederum wurden – allerdings unter Verwendung anderer Werkstoffe und neuerer Motoren – so gebaut, daß sie bezüglich ihres Aussehens und Flugverhaltens möglichst identisch mit dem Original waren.

Ein vorhandenes Originalflugzeug zu restaurieren, ist relativ einfach, sofern sämtliche Komponenten noch vorhanden sind, doch dieses Glück hat ein Restaurateur leider höchst selten. Erfreulicherweise gibt es aber Organisationen wie z. B. die *World War One Aero* in den USA und die *Cross and Cockade* in Großbritannien, die in den letzten 20 bis 30 Jahren viel Arbeit investiert haben, um möglichst viele Originalzeichnungen aufzustöbern, und mindestens ebenso viel Aufwand trieb man bei der Repro-

Oben *Die Curtiss Jenny war für die Amerikaner ungefähr das, was die Avro 504 für die Briten war. Mehr als 50 Exemplare haben sich bis heute erhalten, und viele davon sind entweder noch voll flugtauglich oder werden derzeit restauriert. Eine dieser Maschinen gehört Ray Folsom, der sie exakt so gestaltete wie zu den Zeiten ihres militärischen Einsatzes auf dem March Field im Jahr 1918. Die „Jenny“ – oder Curtiss JN-4, wie die offizielle Bezeichnung lautete – war das Flugzeugmuster, auf dem die meisten US-Piloten des ersten Weltkriegs und etliche ihrer britischen Kameraden ausgebildet wurden. Nach dem Krieg fanden viele Jennies eine neue Heimat in umherziehenden Flugschauen, wo sie wegen ihrer stabilen und robusten Bauweise sehr beliebt waren.*

duktion und Überarbeitung dieser Baupläne. Einen bemerkenswerten Sonderfall bildet der Fokker-Dreidecker Dr.1, zu dem schon lange keine Originalpläne mehr existierten, was aber einen Luftfahrtenthusiasten namens Walt Redfern nicht davon abhielt, den Nachbau dieses Flugzeug in Angriff zu nehmen. Wie seine Recherchen ergaben, war Reinhold Platz, der Konstrukteur der Dr.1, noch am Leben und wohnte in Deutschland, wo Redfern kurzerhand mit ihm Kontakt aufnahm. Platz konnte ihm eine Menge Informationen über die Konstruktion der Dr.1 liefern, und diese Angaben bildeten in Verbindung mit alten Notizen, Skizzen und Originalfotos die Grundlage für die rekonstruierten Baupläne. Heute stehen die Redfern-Pläne jedem zur Verfügung, der eine Dr.1 nachbauen möchte, und viele der heute fliegenden Exemplare dieses Musters basieren entweder auf diesen Zeichnungen oder auf ähnlichen Plänen, die von Ron Sands rekonstruiert wurden. Genau genommen, wurde die Konstruktion ein wenig vereinfacht, um den Amateurflugzeugbauern das Leben etwas leichter zu machen, doch sie bildet unbestritten die Grundlage für einen überzeugend echt wirkenden Dr.1-Nachbau. Einige Flugzeugbauer wie z. B. Eberhard Fritsch in Deutschland haben noch ein wenig zusätzliche Arbeit in das Recherchieren von Einzelheiten investiert, so daß ein Flugzeug entstanden ist, das im Rahmen des Möglichen originalgetreu der Dr.1 aus dem Ersten Weltkrieg entspricht.

In einigen Fällen gibt es zwar noch Originalbaupläne, doch sie werden von ihren Besitzern nicht herausgegeben. So befinden sich beispielsweise die noch vorhandenen Sopwith-Konstruktionszeichnungen im Besitz des britischen Luft- und Raumfahrt-

Links *Die meisten JN-4 wurden von einem Curtiss-Motor des Typs OX-5 angetrieben; einige aber waren auch für den 150-PS-Hispano-Suiza ausgelegt. Ein solches Exemplar – es fliegt heute in Old Rheinbeck – wurde 1957 von Cole Palen aufgekauft. Da die Maschine jedoch weitestgehend ausgeschlachtet war – nicht einmal die Bespannung war mehr vorhanden -, mußten zunächst jahrelang von allen möglichen Bezugsquellen Ersatzteile beschafft werden, bevor man 1967 endlich mit der Restaurierung beginnen konnte. Sie wurde schon zwei Jahre später abgeschlossen, und seitdem fliegt die Jenny im olivgrünen Militäroutfit mit dem Kennzeichen „38278". Auf den vielen Airshows, die regelmäßig in Old Rheinbeck veranstaltet werden, ist sie seit Jahren Stammgast.*

Rechts *Die Vereinigten Staaten, die in den Kindertagen der Luftfahrt noch eine Spitzenposition innehatten, blieben in den ersten Kriegsjahren bald hinter den Entwicklungen in Frankreich, Großbritannien und Deutschland zurück. Die Folge war, daß die meisten USAAC-Kampfpiloten ausländische Maschinen flogen. Im Januar 1917 wurde die Thomas Morse Aircraft Corporation gegründet, deren (mit den Gründern übrigens nicht verwandte) Chefkonstrukteur B.D. Thomas zuvor bei Avro in England gearbeitet hatte, bevor er beim Entwurf der Curtiss Jenny mitwirkte, den Vorschlag zum Bau eines einsitzigen Schulungsflugzeugs mit der Bezeichnung S-4 machte. Die Konstruktion dieser Maschine basierte eigentlich auf dem 100-PS-Gnôme, doch die meisten von ihnen wurden später mit dem Le Rhône ausgestattet, der lediglich 80 PS leistete. Ihre Bewaffnung bestand aus einem Maschinengewehr. Die S-4 wurde ausschließlich in den USA geflogen, und viele gelangten nach dem Waffenstillstand in den Besitz privater Sammler.*

konzerns British Aerospace, der sich jedoch weigert, sie Dritten zu Restaurations- oder Nachbauzwecken zur Verfügung zu stellen. Der Grund: Für den Fall, daß ein Nachbau abstürzt, befürchtet man Schwierigkeiten aufgrund der geltenden Produkthaftungsgesetze. Dies mag angesichts der bürokratisierten Welt von heute verständlich sein, aber es macht zugleich auf traurige Weise deutlich, welche geringschätzige Meinung man von den Amateurflugzeugbauern hat. Schließlich sind sich wohl die allermeisten Leute, die sich ernsthaft für den Nachbau eines Oldtimers interessieren, über dessen Grenzen und besondere Flugeigenschaften im klaren – wer von ihnen käme ernsthaft auf die Idee, einen Nachfolger des einstigen Herstellers für Mängel bei der Konstruktion eines 75 Jahre alten Flugzeugs rechtlich zu belangen? In diesem Zusammenhang sei übrigens angemerkt, daß die meisten Erbauer und Piloten von Oldtimernachbauten ihre Maschinen peinlichst genau in deren Betriebsgrenzen fliegen und schwere Unfälle daher äußerst selten sind.

Eine der wichtigsten Komponenten eines jeden Flugzeugs ist der Motor, und Originale aus dem Ersten Weltkrieg werden – falls sie überhaupt noch zu bekommen sind – ab und zu von Museen oder Sammlern angeboten. Viele Nachbauten – und fast alle Originale – sind mit den Originalmotoren bestückt; andere haben dagegen Motoren erhalten, die aus späteren Jahren stammen. Daß es sich, wie manchmal behauptet wird, bei den letzteren um „moderne" Motoren handelt, ist sicherlich unberechtigt, denn viele dieser Triebwerke – z. B. der Warner Scarab – werden schon seit dem Zweiten Weltkrieg nicht mehr gebaut.

Abgesehen von der besseren Verfügbarkeit dieser „neueren" Motoren, sprechen zwei weitere Gründe für die Verwendung eines moderneren Triebwerks. Zum einen haben die frühen Motoren – beispielsweise die Umlaufmotoren – sehr kurze Wartungsintervalle und müssen ständig sorgfältig kontrolliert werden, was viel Zeit- und Geldaufwand erfordert und die Flugzeiten entsprechend verkürzt. Verständlich also, daß die Flugzeugbauer nach zwei- oder dreitausend Stunden Werkstattarbeit etwas mehr als zwei oder drei Stunden jährlich mit dem Resultat ihrer Mühen in der Luft

38923
38923

sein wollen. Zum anderen sprechen aber auch Zuverlässigkeitsbetrachtungen für ein moderneres Triebwerk, denn betagte Motoren sind nun einmal nicht das Richtige für längere Überlandflüge. Will man einen Oldtimer also auf Airshows präsentieren oder auch nur zu Rundflügen einsetzen, empfiehlt sich ein zuverlässigerer Motor, um nicht allzu oft unfreiwillig zur vorzeitigen Landung gezwungen zu sein. So hat AJD Engineering in Suffolk einen Montagerahmen konstruiert, der in eine Avro 504 paßt und wahlweise einen Original-Umlaufmotor oder einen Sternmotor aufnehmen kann. Die einzigen Änderungen, die an der Zelle vorgenommen werden müssen, sind vier Halterungen hinter dem Brandschott. Für Airshow-Vorführungen und Überlandflüge kann die Maschine mit einem 145 PS starken Warner Scarab ausgerüstet werden. Zum Einbau eines Umlaufmotors müssen die Cowling und der Motorträger ausgewechselt, Treibstoff und Öl abgelassen und der Motor eingesetzt werden — eine Umbau, der nur wenige Arbeitsstunden in Anspruch nimmt.

Den Haltern der wenigen noch flugfähigen Originalflugzeuge bleibt praktisch keine andere Wahl als der Einbau moderner Motoren. Da die Flugstundenzahl der Zelle — gleichermaßen wegen ihres Alters und ihres Wertes — begrenzt ist, braucht der Motor pro Jahr nur wenige Flugstunden zu absolvieren. Den Piloten, die das Glück haben, überhaupt eines dieser Flugzeuge fliegen zu können, bereitet wohl mehr die immense Verantwortung Kopfzerbrechen, die unersetzlichen Exemplare — wenn sie denn tatsächlich einmal in die Luft gehen — nicht zu beschädigen.

Die meisten der frühen Flugzeuge sind relativ einfach aufgebaut. Die Tragflächen enthalten im allgemeinen zwei Holme zur Aufnahme der Flügelbelastungen und Rippen, die für die Formstabilität des Profils sorgen. Der Rumpf besteht aus den mit den Rumpfholmen verbundenen Spanten — entweder in Holz- oder Stahlrohrbauweise -,

Oben *Es gibt heute durchaus noch eine Menge Flugzeuge des Typs Thomas Morse Scout, doch nur eine einzige von ihnen ist noch flugtauglich. Ernest Freeman erwarb sie 1955 als wahres Wrack vom altgedienten Filmpiloten Paul Mantz. Die Restaurierung dauerte 17 Jahre, wobei auch Freemans Sohn Roger mithalf, heute einziger Scout-Pilot der Welt. Ein großer Teil der Flugzeugstruktur mußte während der Restaurierung ersetzt werden, doch jede einzelne Komponente wurde im Verlauf der Grundüberholung auf das sorgfältigste wiederhergestellt. Geradezu unglaubliches Glück hatten die Restaurateure bei ihrer Suche nach einem Motor: In der Ecke eines Bootshauses in San Antonio fanden sie einen fabrikneuen 80-PS-Le-Rhône-Motor, eingewickelt in Zeitungspapier aus dem Jahr 1918! Die äußere Gestaltung der Scout entspricht exakt derjenigen des Jahres 1918.*

Rechts *Das letzte von Nieuport im Ersten Weltkrieg gebaute Kampfflugzeug war die 28.C1, die 1918 bei einigen amerikanischen Jagdfliegerstaffeln in Frankreich zum Einsatz kam. Im Gegensatz zu früheren Nieuport-Doppeldeckern waren die Profile der oberen und unteren Tragflächen bei diesem Typ identisch, und da die unteren Tragflächen nicht einen, sondern zwei Holme aufwiesen, waren die beiden Flächenpaare nicht über V-förmige, sondern normale Streben miteinander verbunden. Dieses von Skysport Engineering restaurierte Exemplar wurde auf der Auktion „Wings and Wheels" in Orlando im Namen von Aero Vintage Ltd. ersteigert und hob 1991 unter dem Dröhnen des unglaublich lauten 160-PS-Motors vom Typ Le Rhône zum „zweiten Erstflug" ab.*

die mit Stahldrähten verspannt sind. Die hölzernen Längsstringer ergeben die endgültige Form, und die gesamte Struktur wird schließlich mit Stoff (üblicherwise Irisch-Leinen oder Baumwollgewebe) bespannt. Alle diese Komponenten sind noch relativ einfach herzustellen; die Anfertigung der vielen Metallbeschläge allerdings, von denen sie zusammengehalten werden, kann extrem zeitaufwendig sein. Dies gilt in besonderem Maße für Flugzeuge, die vollständig in Holzbauweise hergestellt wurden, beispielsweise die Sopwith Pup, bei der der gesamte Rumpf durch Spanndrähte zusammengehalten wird. Diese Drähte sind an Beschlägen befestigt, die die vertikalen und horizontalen Komponenten mit Hilfe eines ausgeklügelten Systems aus Clips, Schrauben und Klammern zusammenhalten. Um eine Pup – oder irgendeine andere Sopwith, die alle nach demselben System konstruiert wurden – zu bauen, sind daher langwierige Blecharbeiten erforderlich.

Selbstverständlich wurden nicht alle Flugzeuge so gebaut. So war beispielsweise ein Grund für die Popularität der Fokker Dr.1, daß diese Maschine über einen geschweißten und entsprechend einfach nachzubauenden Rumpf verfügte. Ein Problem aber stellte sich auch bei der Fokker, nämlich Platzmangel, denn die Tragflächen enthielten nur einen einzigen Holm, der über die ganze Spannweite verlief. Wie Eberhard Fritsch zu berichten weiß, mußte er seine Frau aus dem Schlafzimmer „hinauskomplimentieren", da dies der einzige Raum des Hauses war, in dem er die sieben Meter langen Holme aufbauen konnte. Später erzählte seine Frau, daß sie schon in Betracht gezogen hatte, ihren Mann zu verlassen; sie habe es sich jedoch noch einmal anders überlegt, da sie auch in diesem Fall ein neues Schlafzimmer hätte finden müssen ...

Ist ein Flugzeugprojekt – ob Nachbau oder Original – einmal abgeschlossen, kommt unweigerlich der große Tag, an dem es ans Fliegen geht. Die meisten Erbauer oder Restauratoren von Oldtimern aus dem Ersten Weltkrieg sind natürlich bestrebt, sich die Flugeigenschaften dieser alten Maschinen aus erster Hand zu erfliegen. Piloten, die an moderne Leichtflugzeuge gewöhnt sind, kann ein solcher Veteran jedoch einen gehörigen Schrecken versetzen. Denn Kampfflugzeuge, gleich aus welcher Zeit, wurden schließlich nie zur Freizeitgestaltung gebaut, sondern sollten einzig und allein den Zweck erfüllen, andere Flugzeuge zu beschießen. Dies gilt vor allem für die Flugzeuge aus dem Ersten Weltkrieg, die nicht nur unter rein funktionellen Gesichtspunkten konstruiert worden waren, sondern auch noch mit der primitiven Aerodynamik und den damals wenig entwickelten Flugmotoren zurechtkommen mußten.

Vor allem Umlaufmotoren entwickeln ein enormes Drehmoment, das entgegen der Propellerdrehrichtung auf das Flugzeug wirkt. Dieser Effekt ist so ausgeprägt, daß beispielsweise behauptet wurde, es sei genauso einfach, mit der Sopwith Camel und auch verschiedenen Dreideckern um 270° nach links zu rollen wie um 90° nach rechts. Und im Flughandbuch zur Morane AI lautet die einzige Pilotenanweisung für den Start, bei vollem Seitenruderausschlag nach links Vollgas zu geben. Im Ersten Weltkrieg war das normalerweise kein Problem, denn so gut wie alle Flugplätze waren nichts anderes als große Grasflächen, auf denen die Piloten immer genau gegen den Wind starten konnten, gleichgültig, woher dieser auch gerade wehte. Heute allerdings, wo nur noch Flugplätze mit festen Startrichtungen zur Verfügung stehen, stellt der Seitenwindeinfluß ein wesentlich größeres Problem dar. Roger Louis Texier, Mitglied der Memorial Flight Association, weiß zum Beispiel von der Morane zu berichten: „Am besten hält man den Sporn beim Beschleunigen so lange am Boden, bis die Maschine so viel Fahrt aufgebaut hat, daß das Seitenruder wirksam wird. Die Schlenkerbewegungen, zu denen das Flugzeug neigt, werden durch den schleifenden Sporn wirkungsvoll unterdrückt. Nach dem im Flughandbuch beschriebenen Verfahren würde ich nur ungern starten – dabei weiß man nie, in welcher Richtung man schließlich abhebt.“

Die meisten Piloten von Oldtimern aus dem Ersten Weltkrieg sind sich einig, daß die Schätzungen bezüglich der Leistung einiger Flugmotoren bei weitem zu niedrig angesetzt sind, was in Verbindung mit den ausgeprägten Kreiseleffekten der Umlaufmotoren zu sehr interessanten Erfahrungen führen kann. Solche Erfahrungen machte auch Stuart Goldspink, der schon die Nieuport 28 von Aero Vintage und die Sopwith Camel von AJD Engineering geflogen hatte: „Der 160-PS-Gnôme der Nieuport hatte mit Sicherheit eine wesentlich höhere Leistung als angegeben. Beim Start rollte die Maschine praktisch nur auf einem Rad, und man mußte starke Querruderausschläge geben, um die Flächen gerade zu halten. Im Flug bewirkte jede Erhöhung der Motorleistung eine kräftige Bewegung um die Längsachse; wenn man zuviel Gas gab, stellte sich die Maschine regelrecht auf eine Flügelspitze.“

Rechts *Die Nieuport 28 von Aero Vintage war einer von mehreren Oldtimern, die bei den Dreharbeiten zu mehreren Hollywoodstreifen der dreißiger Jahre eingesetzt wurden, darunter „Wings“ und die beiden Fassungen von „Dawn Patrol“. Es gibt sogar noch ein Foto, auf dem Errol Flynn im Cockpit der rechts abgebildeten Maschine zu sehen ist. Zeitweise flog dieses Flugzeug mit verkürzten Tragflächen, um bei Luftrennen eine höhere Wendigkeit zu erzielen, und zum Zeitpunkt ihrer Übernahme im Jahre 1981 befand sie sich in einem beklagenswerten Zustand. Um sie möglichst originalgetreu zu restaurieren, war ein beträchtlicher Aufwand an Recherchen erforderlich. Als sie schließlich fertiggestellt wurde, erhielt sie die Abzeichen der 94. Fliegerstaffel. Heute fliegt sie leider nicht mehr, da sie an ein amerikanisches Museum verkauft wurde.*

Auch die Bedienung von Umlaufmotoren ist eine Wissenschaft für sich, vor allem, was das in der Nieuport 28 verwendete System angeht. Einige Piloten, die die Nieuport 28 nach dem Krieg flogen, konnten sich einer Standard-Gashebelsteuerung erfreuen; das von Skysport Engineering restaurierte Aero-Vintage-Exemplar hingegen verfügte über das ursprüngliche Schaltersystem. Stuart Goldspink: „Bei Vollgas und leicht reduzierter Motorleistung flog sich die Maschine gar nicht schlecht, doch bei niedriger Leistung bauten sich derart starke Vibrationen auf, daß man den Eindruck bekam, die oberen und unteren Tragflächen würden aufeinanderprallen. In dem Moment verstand ich, warum uns Jean Salis in Frankreich empfohlen hatte, eine normale Gashebelsteuerung einzubauen — weil er nämlich befürchtete, die Maschine könnte sich durch die Vibration in ihre Einzelteile zerlegen. Immerhin: Bei Vollgas erreichte sie eine ganz ansehnliche Geschwindigkeit."

Von der Camel gewann Goldspink einen anderen Eindruck: „Die Camel bin ich gern geflogen, wenn ich auch nur anderthalb Stunden Flugerfahrung sammeln konnte, bevor sie verkauft wurde. Dieses Flugzeug war keineswegs so bösartig wie erwartet. Ob es daran lag, daß sie mit einem 110-PS-Le-Rhône und nicht mit einem 130-PS-Clerget oder einem 150-PS-Bentley ausgestattet war — ich kann es nicht sagen. Auch die Camel neigte beim Start ein wenig zum Schwänzeln und war in der Luft — wie die meisten Flugezuge aus dem Ersten Weltkrieg — schwanzlastig, so daß sie stets bewußt geflogen werden mußte. Nach meinem Eindruck flog sie ähnlich wie die Sopwith-Modelle Dove und Pup, und wie bei diesen waren auch bei der Camel die Flächen von Seitenflosse und Seitenruder zu klein dimensioniert. Dafür war sie von allen mir bekannten Maschinen diejenige mit der größten Beweglichkeit um die Querachse: Schon eine geringe Veränderung der Motorleistung genügte, und die Nase der Camel hob bzw. senkte sich blitzschnell. Leider hatte ich keine Gelegenheit, die Kunstflugeigenschaften der Camel zu erproben. Loopings dürften damit eine Kleinigkeit gewesen sein, Rollen dagegen schwierig, weil die Querruder nicht besonders wirksam waren, was die Camel übrigens mit der Nieuport gemeinsam hatte."

Die Querruder bei den meisten Flugzeugen dieser Zeit waren unsymmetrisch aufgebaut und verursachten ein entsprechend starkes negatives Wendemoment: Dabei ging derjenige Flügel, bei dem das Querruder nach unten ausschlug, zwar durch den höheren Auftrieb nach oben; zugleich aber stieg sein Luftwiderstand kräftig an, was ein deutliches Gieren des Flugzeugs zu diesem Flügel hin zur Folge hatte.

Auch die SPAD hat einige interessante Besonderheiten zu bieten. Alain Vallet von der Memorial Flight Association fliegt gelegentlich eine SPAD und berichtet: „Die SPAD ist schnell und sehr leistungsfähig. Die Querruder sind sehr schwergängig, und es bedarf schon einiger Anstrengung, um eine Kurve einzuleiten. Befindet sie sich aber erst einmal im Kurvenflug, so behält sie ihn so lange bei, bis man ihn bewußt beendet, was wiederum einen ziemlichen Kraftaufwand erfordert. Diese Eigenschaft machte sie natürlich für den Luftkampf weniger geeignet, so daß sie beispielsweise gegenüber einer D.VII oder einer Triplane im Nachteil war. Wesentlich besser läßt sie sich für Luftangriffe einsetzen, da sie Sturzflüge mit Geschwindigkeiten von bis zu 450 km/h aushält und im Luftkampf in der gleichen Weise einsetzbar war wie die P-47 Thunderbolt Jahre später im Zweiten Weltkrieg: Beide konnten im Sturzflug auf ihr Ziel herabstoßen, die Geschwindigkeit, die sie dabei aufnahmen, gleich danach in Steigrate umsetzen und erneut anfliegen. Kennzeichnend für die SPAD ist außerdem ihre hohe Aufsetzgeschwindigkeit, was auf ihr dünnes Flügelprofil zurückzuführen ist. Sie muß stets mit Motorleistung angeflogen werden, und zwar bis zur Bodenberührung, weil sie sonst sofort durchsackt und hart auf der Bahn aufsetzt. Jean Salis erzählt, daß sich die SPAD wie eine Grumman Bearcat fliegt."

Unten *Obwohl zur Nieuport 28 nur sehr wenige Originalbaupläne existieren, entstanden im Laufe der Jahre zahlreiche Nachbauten, die mit den unterschiedlichsten Motoren — angefangen beim Warner Scarab bis zum 220-PS-Continental — ausgerüstet waren. Schließlich löste man das Problem der fehlenden Konstruktionszeichnungen dadurch, daß man einfach neue anfertigte, die bei dieser Gelegenheit auch gleich auf neue Werkstoffe ausgelegt waren. Dieser 28-Nachbau wurde von Jim Robertson und Harry Wooldridge angefertigt und unterscheidet sich vom Original dadurch, daß er einen geschweißten Stahlrohrrumpf, neu entwickelte Flügel und eine Rumpfbeplankung aus Ceconite aufweist.*

Oben *Hier überfliegt der Nieuport-28-Nachbau von Robertson und Wooldridge gerade Lake Guntersville (Alabama). Fotografiert wurde sie während der Luftfahrtschau* Aerodrome '92, *der ersten Veranstaltung, die künftig jährlich stattfinden und ausschließlich zur Präsentation von Oldtimern aus dem Ersten Weltkrieg oder Nachbauten dieser Flugzeuge dienen soll. Heute gehört die abgebildete Maschine dem von Frank Ryder betriebenen Replica Fighter Museum auf dem nahegelegenen Flughafen von Guntersville, von wo aus sie weit häufiger zu Rundflügen eingesetzt wird als es mit einer Originalmaschine möglich wäre.*

Die meisten Nachbauten des Fokker-Dreideckers werden von Stern- oder Vierzylinder-Boxermotoren angetrieben; einigen wenigen Piloten war es aber auch vergönnt, eine mit einem Umlaufmotor bestückte Maschine dieses Typs zu fliegen. Einer von ihnen ist Gerard Leclerc von der Memorial Flight Association, und er berichtet, daß es bei der Fokker – wenn das Leitwerk beim Startvorgang erst einmal in der Luft ist – verhältnismäßig einfach ist, die Richtung zu halten, nicht jedoch, wenn der Sporn die ganze Zeit am Boden ist. Die Startrollstrecke ist sehr kurz, und die Maschine erzielt nach dem Abheben eine sehr gute Steigrate. Leclerc weiter: „In der Luft hatte ich nicht den Eindruck, daß die Maschine zu schwanzlastig war, was von ihr immer wieder behauptet wurde. Allerdings ließ die Richtungsstabilität zu wünschen übrig, da die Fokker keine feste Seitenruderfläche besitzt. Die Querruder sind symmetrisch aufgebaut und sehr leichtgängig; dafür haben sie keine große Wirkung – man kann gefahrlos den Steuerknüppel von einer Seite auf die andere legen, ohne dadurch die Fluglage übermäßig zu beeinflussen. Rechtskurven sind leichter zu fliegen als Linkskurven, und man muß ziemlich viel Gegenseitenruder geben, um einen stabilen Kurvenflug aufrechtzuerhalten." Auf den Gleitwinkel der Triplane angesprochen, erklärte Leclerc in voller Übereinstimmung mit seinem Kollegen Robin Bowes: „Eins zu Klavier!"

Ein anderer, der über umfangreiche Erfahrungen mit Flugzeugoldtimern verfügt, ist der Flugzeugbauer Vivien Bellamy. Er baute unter anderem eine mit einem 130-PS-Clerget ausgestattete Camel und berichtet, daß sie zum Ein- und Ausleiten von

14
14
N 128 CX

Rechts *Die Nieuport 28 wurde im USAAC geflogen, bis sie von der SPAD XIII abgelöst wurde. Nur die erste Jagdfliegerstaffel blieb bei ihren Nieuports, auch nachdem bereits alle anderen Einheiten auf die SPAD umgerüstet hatten. Im USAAC wurde der Motor der Nieuport so modifiziert, daß die Zeit zum Warmlaufenlassen des Motors erheblich verkürzt werden konnte. Durch diese Maßnahme gelang es der Staffel, bereits 90 Sekunden nach Auslösung eines Alarms in der Luft zu sein.*

Links *Was auf diesem Foto sehr gut zum Ausdruck kommt, ist die klare Linienführung dieses Nieuport-28-Nachbaus, der sich gerade der Kamera des Fotographen Howard Levy zuneigt. Der verstorbene Cole Palen hatte seine Nieuport 28 (selbstverständlich ein Original!) immer als das ideale Flugzeug für Airshows beschrieben, da es schnell war, gut aussah und eine enorme Lautstärke entwickelte. In der Tat sind die meisten Flugzeuge mit Kolbenmotor und selbst einige Jets nicht so laut wie ein 160-PS-Gnome, und auch im Hinblick auf Eleganz und Wendigkeit können es die Nieuport-Nachbauten noch mit allen anderen Maschinen aufnehmen. Die beiden letzten Nieuport-28-Originalmaschinen von Aero Vintage und Palen wurden inzwischen endgültig ausgemustert, so daß diese Flugzeuge heute nur noch als Nachbau in der Luft zu beobachten sind.*

Kurven stets volle Seitenruderausschläge erforderte: „Einmal ging die Nase nach oben, so daß man sie mit dem Seitenruder herunterholen mußte, dann wieder senkte sie sich so weit, daß man sie mit einem kräftigen Seitenruderausschlag wieder nach oben bringen mußte.“ Auch Bellamy ist der Meinung, daß die meisten Flugzeuge aus dem Ersten Weltkrieg leistungsfähiger und schneller waren als man lange geglaubt hat. Bellamy machte aber noch auf einen weiteren interessanten Punkt aufmerksam: „Vor etlichen Jahren flog ich die Fokker Dr.1 von Cole Palen, die mit dem 100-PS-Gnôme-Umlaufmotor ausgerüstet war, und erst Jahre später flog ich meine eigene Camel. Mich würde es reizen, beide Maschinen einmal unter denselben Bedingungen zu fliegen, um einen exakten Vergleich zwischen ihnen anstellen zu können. Ich bin sicher, daß sie sich in keiner Hinsicht nennenswert unterscheiden, was bedeutet, daß in einem Luftkampf derjenige Pilot den Sieg davontrug, der entweder die größere Erfahrung mitbrachte oder sich das entscheidende Überraschungsmoment zunutze machen konnte.“

Was den Luftkampf mit diesen Flugzeugen betrifft, erklärte Stuart Goldspink, daß er bei allen mit einem Umlaufmotor ausrüsteten Maschinen schon nach wenigen Flugminuten praktisch blind war, und zwar wegen des Nebels aus unverbranntem Rizinusöl, der sich gleichmäßig über Pilot und Maschine verteilte und auch das Gesicht und die Fliegerbrille des Piloten mit einem dünnen schwarzen Film überzog. „Ich möchte nicht wissen“, so Goldspink weiter, „was die Piloten im Ersten Weltkrieg alles mitmachen mußten.“ Dieser Gedanke soll Anlaß sein, zum Abschluß noch etwas über diese Piloten zu sagen.

Die Piloten des Ersten Weltkriegs waren im Schnitt Anfang Zwanzig, einige von ihnen aber auch jünger. James McCudden war bei seinem Abschuß im Juli 1918 gerade 22, Manfred von Richthofen 25 Jahre alt. Sie mußten die Maschinen fliegen, über die im vorliegenden Buch berichtet wird und die heute so sorgfältig gepflegt werden. Geflogen wurden die Maschinen stets bis zu den Betriebsgrenzen, also in schlechtem Wetter und in Höhen von bis zu 20.000 Fuß – natürlich ohne Sauerstoff und nur mit einer Schicht Gänseschmalz bedeckt, die den einzigen Schutz gegen Erfrierungen bildete. Viele Piloten saßen auf – bzw. in unmittelbarer Nähe von – Treibstofftanks, die natürlich nicht gepanzert waren und zudem unter Druck standen, so daß ein einziger Treffer sie zur Explosion bringen konnte. Das Mitführen von Fallschirmen für solche aussichtslosen Notfälle war verboten, und so mancher Pilot stürzte sich aus dem Cockpit, um nicht in der eigenen Maschine zu verbrennen. Andere nahmen ihre Dienstpistole mit, um ihrem Leben im Brandfall ein schnelles Ende zu setzen.

Während der ständig wechselnden Machtverhältnisse im Luftraum gab es Zeiten, in denen die Piloten ihre Lebenserwartung nicht in Jahren oder Wochen, sondern in Tagen abschätzten. Angriffe auf Bodenziele und Bombardierungen von Schützengräben wurden in derart niedrigen Höhen geflogen, daß ein deutscher Offizier nachweislich von einer S.E.5a „umgeflogen" wurde. Der Beschuß von seiten der Bodentruppen war so stark, daß so mancher Pilot es vorzog, seinen Stahlhelm unter den Sitz zu pakken, da die Stoffbespannung einer Camel oder S.E.5a im Kugelhagel keinerlei Schutz bot. In dieser Zeit wurden frischgebackene Absolventen der Militärfliegerschulen an die Front geschickt, obwohl sie weniger Stunden Flugerfahrung hatten als heute für eine Privatpilotenlizenz vorgeschrieben sind. Viele von ihnen bekamen das Flugzeug bzw. den Schützen, von dem sie abgeschossen wurden, nicht einmal zu Gesicht. Einige Überlebende verfielen dem Alkohol, um ihre Angst zu vergessen, und alle, die tatsächlich das Glück hatten, die Heimat wiederzusehen, klagten über ständig wiederkehrende Alpträume von brennenden und abstürzenden Flugzeugen.

Die Zahl dieser Überlebenden nimmt von Jahr zu Jahr ab, und in wenigen Jahren wird niemand mehr aus eigener Erfahrung über das Fliegen und Kämpfen in Flugzeugen berichten können, die sich kaum von einer Tiger Moth unterschieden. Doch was bleiben wird, sind die vielen Originalmaschinen und Nachbauten, die uns ihre Geschichten von Tapferkeit und Heldenmut erzählen können, gleichgültig, welcher Seite sie einst angehörten. Und einige von ihnen bieten uns sogar die Gelegenheit, noch heute den Geruch von verbranntem Rizinusöl und das Knattern antiker Flugmotoren wahrzunehmen.

Rechts *Auch die Sopwith Camel wurde vom USAAC geflogen. Dieser Nachbau wurde von AJD Engineering für das Fort Rucker Army Museum in Alabama gebaut und enthält eine Vielzahl von Originalteilen. Er trägt die Abzeichen der Maschine von Lt Henry R. „Hank" Clay Jnr. von der 41. Jagdfliegerstaffel, die 1918 in Frankreich stationiert war. Der hier abgebildete Nachbau fliegt gelegentlich auch mit einem 80-PS-Motor vom Typ Le Rhône; an das Museum wurde er jedoch mit einem 130-PS-Clerget geliefert.*

V
4
LIFT HERE

Idflieg

Links *Die Aviatik (Berg) D.I des Champlin Fighter Museum wurde erst in den siebziger Jahren in einer Scheune entdeckt und ist eines von nur noch zwei weltweit existierenden Exemplaren dieses Typs. Sie wurde 1917 von Julius von Berg konstruiert und wegen ihrer einfachen Bauweise von mehreren Firmen in Lizenz gebaut. Als Triebwerk kam ein 200-PS-Austro-Daimler-Motor zum Einsatz, und die Bewaffnung bestand zumeist aus zwei mit dem Motor synchronisierten Maschinengewehren. Als die D.I entdeckt wurde, enthielt sie allerdings einen 100-PS-Gnôme und verfügte über einen zusätzliche Sitzplatz vor dem eigentlichen Cockpit. Möglicherweise sollte die Maschine durch diese Umbauten zu einem Zivilflugzeug umgerüstet werden, damit sie nicht von den Alliierten beschlagnahmt wurde, die im österreichisch-ungarischen Raum nach dem Krieg sämtliche Militärflugzeuge einzogen und verschrotteten. Inzwischen fliegt die D.I wieder in Originalkonfiguration mit dem richtigen Motor und den richtigen Maschinengewehren.*

Oben *Von der Fokker E.III gibt es nur noch ein einziges Exemplar, und das hängt vom Dach des Science Museum in London. Sie war noch fast noch fabrikneu, als sie am 8. April 1916 den Alliierten in die Hände fiel, weil ihr Pilot über der Westfront in der Nähe von Valenciennes notlanden mußte. Im Laufe der Jahre entstanden mehrere Nachbauten, von denen dieses von Personal Plane Services hergestellte Exemplar eines der ersten war und seitdem in verschiedenen Filmen mitwirkte. Ursprünglich hatte man erwogen, die Maschine entsprechend dem Original mit verdrehbaren Tragflächen, einem voll bewewglichen Leitwerk und einem Umlaufmotor auszustatten. Da aber abzusehen war, daß sie längere Zeit in Benutzung sein würde, entschlossen sich die Konstrukteure, ein herkömmliches Höhenruder, einen Continental C 85 sowie leicht modifizierte Traglächen einer Tiger Moth mit Querrudersteuerung zu verwenden. Hier überfliegt die Maschine die Landschaft von Buckinghamshire gesteuert von dem ehemaligen P-47-Piloten Bill Evans.*

Oben *Die Firma Albatros baute keineswegs nur Kampfflugzeuge, sondern erwarb sich auch einen Ruf als Hersteller von recht erfolgreichen Aufklärern. Da es nur noch sehr wenige dieser Maschinen gibt, bleibt den Regisseuren von Fliegerfilmen nur die Möglichkeit, ein möglichst ähnliches Flugzeug zu modifizieren, falls ein Albatros-Aufklärer benötigt wurde. Ein Flugzeugmuster, das im Laufe der Jahr als Ersatz herhalten mußte, ist die Tiger Moth. Auch die Salis-Sammlung besitzt zwei Albatros-CII-Doppelgänger, die aus Komponenten der Tiger Moth hergestellt wurden und die charakteristische vertikale Motoranordnung, das völlig offene Cockpit und das Leitwerk der C.II aufweisen. Das einzig Verräterische an diesem ansonsten gelungenen Umbau ist die Tatsache, daß sich der Pilot nicht in seinem eigenen Sitz, sondern dem des Kampfbeobachters befindet.*

Oben rechts *Die Halberstadt D.IV gehörte zu den Flugzeugtypen, die an der Front seltener anzutreffen waren. Die Halberstadt-Flugzeugwerke hatten eine ganze Reihe doppelsitziger Aufklärer und leichter Bomber gebaut, jedoch nur wenige Kampfflugzeuge. Letztere kamen auch nur während einer kurzen Zeitspanne zwischen Ende 1916 und Anfang 1917 zum Kampfeinsatz. Originalflugzeuge dieses Typs gibt es nicht mehr, und die einzigen überlieferten Baupläne bestehen aus einem Dreiseitenriß und einem einzigen Foto. Mit diesen Unterlagen mußte der produktive Flugzeugnachbauer Carl Swanson aus Wisconsin auskommen, um den hier abgebildeten Nachbau herzustellen, der 1983 seinen Erstflug absolvierte. Die Halberstadt aus dem Ersten Weltkrieg wurden von einem 120-PS-Argus-Motor angetrieben, dessen Beschaffung natürlich heute aussichtslos ist. So erhielt der Nachbau einen 150-PS-Motor vom Typ ENNA Super Tigre, das Triebwerk also, das üblicherweise in die in Spanien gebauten Flugzeuge des Typs Bücker Jungmann eingebaut wurde.*

Rechts *Wie viele andere amerikanische Nachbauten, unterscheidet sich auch die Halberstadt von ihrem Vorbild dadurch, daß sie einen (in diesem Fall allerdings mit Sperrholz verkleideten) geschweißten Stahlrohrrumpf, Bremsen sowie ein Spornrad aufweist, wobei letzteres darauf zurückzuführen ist, daß die meisten Flugplätze in den USA über asphaltierte Start- und Landebahnen verfügen. Die Maschine auf dem Bild rechts war ursprünglich grün und trug den Beinamen „Die große Zucchini“, wurde aber, nachdem sie in den Besitz des Replica Museum von Frank Ryder gegangen war, mit dieser deutlich auffälligeren Lackierung versehen.*

N1388J

PITTSBURGH INSTITUTE
OF AERONAUTICS
N1388J

Oben *Der Beitrag, den der verstorbene Cole Palen zur Erhaltung von Oldtimern aus dem Ersten Weltkrieg und beim Herstellen von Nachbauten geleistet hat, ist gar nicht hoch genug einzuschätzen. Viele der heute in Old Rheinbeck fliegenden Maschinen wurden so originalgetreu restauriert bzw. nachgebaut wie möglich. Ein Beispiel dafür ist die gegen Ende der sechziger Jahre entstandene Albatros D. Va von Cole Palen. Sie wurde mit einem (allerdings später gegen einen Ranger ausgetauschten) Mercedes-Originalmotor mit Originalinstrumenten ausgerüstet und war von einem echten Veteranen kaum zu unterscheiden. Auf dem Foto oben erkennt man den außen angebrachten Drehzahlmesser.*

Rechts *Praktisch alle D. V hatten bei Sturzflügen strukturelle Probleme, die durch Flattererscheinungen der unteren Tragflächen – einem damals noch weitgehend unerforschten Phänomen – verursacht wurden. Abhilfe schaffte man durch eine zusätzliche Verspannung des unteren Flügels, die auf dem Bild rechts vor der V-förmigen Verstrebung zu erkennen ist. Abgesehen von diesem kleineren (!) Problem, war die D. V ein gelungenes Flugzeug, wenngleich es nicht so angenehm zu fliegen war wie der Vorgängertyp D. III. Heute gibt es nur noch zwei D. V; eine Maschine steht im australischen Kriegsmuseum von Canberra, die andere im National Air and Space Museum in Washington, DC.*

Links *Die Fokker Dr.1 ist zweifellos diejenige Maschine aus dem Ersten Weltkrieg mit dem höchsten Bekanntheitsgrad, und obwohl sich hartnäckig anderslautende Gerüchte halten, gibt es auf der ganzen Welt kein flugtaugliches Exemplar mehr. Dafür existieren um so mehr Nachbauten, einer besser als der andere, und der gelungenste von ihnen ist sicherlich die Maschine der Memorial Flight Association. Begonnen wurde der Bau von dem Deutschen Eberhard Fritsch, der später Mitglied in der Association wurde und das fast fertiggestellte Flugzeug nach Paris brachte, wo es einen Umlaufmotor erhielt. Auf diesem Foto, das die Maschine in einem Versuchsaufbau zeigt, sind die dicken Doppelkastenholme gut zu sehen, durch die der Flügel seine enorme Stabilität erhielt, und ebenso der geschweißte Stahlrohrrumpf, ein „Markenzeichen" von Fokker.*

Oben *Zur Anfertigung möglichst originalgetreuer Nachbauten wurden beträchtliche Recherchen unternommen. Dabei bildeten die Konstruktionspläne von Ron Sands die Grundlage für den Bau der Dr.1, und weitere Nachforschungen wurden in den Fokker-Archiven, im* Musée de l'Air *und der Sammlung* Cross and Cockade *in Großbritannien durchgeführt. Sämtliche Instrumente sind Originale, auch der Kompaß, der allerdings leider später aus dem Flugzeug entwendet wurde, als dieses vor einigen Jahren in La Ferté Alais abgestellt war. Die einzigen später entstandenen Komponenten sind die Stoffbespannung hinter dem Sitz und die Ummantelung der Längsholme, beides vermutlich dehalb, weil dem* Musée de l'Air *seinerzeit nichts anderes zur Verfügung stand.*

Oben *Alain Vallet, Präsident der Memorial Flight Association, im Cockpit seiner Maschine nach einem gelungenen Probelauf des Motors. Die Maschinengewehre, mit der die Triplane bestückt ist, sind Originale und eine Leihgabe des* Musée de l'Air. *Sie wurden dem Museum von dem französischen Fliegeras Madon gestiftet, der sie aus einem von ihm abgeschossenen Flugzeug ausgebaut hatte. Bemerkenswert sind auf dieser Aufnahme außerdem das Zielfernrohr und das Fehlen von Spanndrähten (abgesehen von denen im Bereich der Mittelstreben).*

Links *Unverkennbar ein glücklicher Flugzeugbauer. Hier erholt sich Eberhard Fritsch bei einem (selbstverständlich deutschen) Bier nach einer Vorführung in La Ferté im Jahr 1993. Gleichgültig, wie kurz ein Flug auch gewesen sein mochte — stets hat die Mannschaft genug damit zu tun, nach der Landung das Rizinusöl zu entfernen, das im Flug reichlich vom 160-PS-Le-Rhône-Motor über die Maschine verteilt wurde — nach solchen Arbeiten ist ein Bier natürlich genau das Richtige. Seit dem Bau der Fokker hat Fritsch außerdem eine Blériot XI-2* Militaire *fertiggestellt und mit dem Nachbau einer Fokker D. VIII begonnen. Daneben restaurierte er einige Komponenten der Avro 504 und der LVG der Memorial Flight Association. Zu seinen künftigen Projekten zählen eine Fokker E. III, eine Albatros D. Va, eine Fokker D. VII und möglicherweise ein Caproni-Bomber! Keine Frage: Eberhard Fritsch sieht nicht sehr viel fern . . .*

Oben *Was man in diesem Dr.1-Nachbau der Memorial Flight Association sieht, sind keinesfalls Metall- oder Glasfaserattrappen, sondern — wie schon erwähnt — Original-Maschinengewehre vom Typ Spandau 7,92 mm. Wie auch die Lewis- und Vickers-Maschinengewehre bei den britischen Maschinen, so bildete das Spandau-Gewehr die Standardbewaffnung praktisch aller deutschen Kampfflugzeuge des Ersten Weltkriegs.*

Oben *Obwohl die Dr.1 im Original mit einem 110-PS-Oberursel-Umlaufmotor ausgerüstet war, entschied man sich beim Nachbau der Memorial Flight Association zum Einbau eines Le Rhône mit 160 PS. Dieser Motor war eine Weiterentwicklung des 110-PS-Le-Rhône (von dem der Oberursel ein Nachbau war). Speziell dieser Motor wurde 1920 in einem Versuchshubschrauber eingesetzt, bevor er vom* Musée de l'Air *angekauft wurde. Die Ausschnitte auf der Vorderseite der Cowling sind nicht serienmäßig und wurden bei einigen Original-Dreideckern zur Erhöhung des Luftdurchsatzes angebracht. Das Exemplar auf dem Foto trägt die persönlichen Erkennungszeichen von Karl Bölle, dem Kommandanten der Jadgfliegerstaffel Boelcke. Über die Dr.1 soll Eberhard Fritsch einmal gesagt haben: „Mir ist gleichgültig, welche Farbe die Maschine erhält — Hauptsache, es ist nicht Rot!“ Damit spielte er offensichtlich auf die allzu weit verbreitete Tradition an, Nachbauten dieses Typs so zu lackieren wie die des „Roten Barons“ Manfred von Richthofen.*

Rechts *Hier überfliegt gerade Christian Ravel die französische Landschaft in der Dr.1 der Memorial Flight Association. Ravel hat eine enorme Flugerfahrung, da er im Berufsleben Kapitän einer Boeing 747-400 ist. Daneben ist er aber auch qualifizierter Segelflieger, Fluglehrer und Präsident des in Angers beheimateten* Groupement pour la Préservation du Patrimoine Aéronautique. *Von allen Flugzeugen, die er in seinen 17.000 Flugstunden je geflogen hat (immerhin mehr als 200 Motor- und rund 150 Segelflugzeuge!) ist die Dr.1 nach eigenen Angaben sein Lieblingsflugzeug.*

N152JS
KNOTS
ALT
CLIMB
R.P.M.
START-FULL RICH
PUMP THROTTLE 3 TIMES
ON AUF OFF
MAGNETO
ON
OFF

Oben *Robin Bowes legt sich während einer Flugvorführung in Old Warden im Mai 1992 gerade über der Zuschauermenge effektvoll in die Kurve. Die gleiche Bemalung wie auf diesem Foto trugen auch zwei Maschinen von Manfred von Richthofen, abgesehen jedoch von der Seriennummer 425/17 – der Dr.1, in der von Richthofen abgeschossen wurde. Allein im ersten Jahr nach Ankauf des Nachbaus absolvierte Robin Bowes mehr Flugstunden als von Richthofen während seiner gesamten fliegerischen Laufbahn. Dazu trugen schon die Überführungsflüge zu den verschiedenen Flugveranstaltungen bei, auf denen er natürlich regelmäßig „abgeschossen“ wurde.*

Links *Ebenso wie die Camel lag das meiste Gewicht der Dr.1 in Schwerpunktnähe, und da der Rumpf und die Tragflächen ziemlich kurz waren, war die Maschine außerordentlich wendig. Die drei Tragflächenpaare mit dem dicken Flügelprofil verschafften der Dr.1 ausgezeichnete Steigraten, nahmen allerdings bei der Landung dem Piloten jede Sicht. Wie alle Flugzeuge aus dem Ersten Weltkrieg, so mußte auch die Dr.1 stets aufmerksam geflogen werden, da sie praktisch keinerlei Eigenstabilität aufwies. Auch beim Rollen, vor allem bei Seitenwind, ist äußerste Sorgfalt geboten.*

Fok.F.I 102/17

Links *Eine weitere nach den Plänen von Ron Sands gebaute Maschine gehört Fred Murrin aus Pennsylvania, der sie auch selbst fliegt. Er baute den Dreidecker innerhalb von neun Jahren und war dabei auf möglichst große Authentizität bedacht; allerdings mußte auch er bei der Motorisierung mangels Verfügbarkeit eines passenden Umlaufmotors auf einen 150-PS-Lycoming ausweichen. Die Maschine trägt die Bemalung des Prototypen, der vor Aufnahme der Serienfertigung an Manfred von Richthofen übergeben worden war (daher die Bezeichnung „F.1" statt „Dr.1" vor der Seriennummer). Von den ersten drei gebauten Dreideckern blieb einer in den Schweriner Fokker-Werken, während die beiden anderen an Manfred von Richthofen und Werner Voss gingen.*

Oben *Eine weitere nicht authentische Gestaltung zeigt diese in Chino (Kalifornien) entstandene Aufnahme der mit einem Warner bestückten Fokker Dr.1 von Jim Appleby. Sie trägt die Werknummer 151/17, ist auf der Cowling mit der furchterregenden Bemalung von Werner Voss versehen und ansonsten in Farben lackiert, die es bei einer echten Dr.1 nie zu sehen gab. Gut zu sehen sind die unter den Flügelspitzen angebrachten Schutzbügel, die die Tragflügel bei einem „Ringelpietz" schützen, sowie die Streben zwischen den drei Flächenpaaren, die im Gegensatz zu den meisten ähnlichen Flugzeugen keine Kräfte aufnehmen, sondern lediglich ein zu starkes Durchschwingen der Tragflächen während des Fluges verhindern.*

Links *Der Fokker-Dreidecker ist bei den Flugzeug-Nachbauern ohne Zweifel das populärste aller Flugzeuge aus dem Ersten Weltkrieg. Insgesamt verließen nur 320 dieser Maschinen die Werkshallen, und die Zahl aller heute in aller Welt fliegenden Nachbauten dürfte in einer ähnlichen Größenordnung liegen. Einige sehen wirklich originalgetreu aus; andere wurden eher „frei" gestaltet. Ein Beispiel für die letztere Kategorie ist der Nachbau von Chuck Wentworth, der hier — von seinem Erbauer geflogen — von Frank Mormillo fotografiert wurde.*

D.III. 011/17

Oben *Nicht weniger als vier Exemplare der Pfalz D.XII haben sich bis in die neunziger Jahre erhalten, wohl vor allem deshalb, weil dieses Flugzeug in den Filmen der dreißiger Jahre mitspielte. Von einer noch existierenden Original-Pfalz D.III ist hingegen nichts bekannt. Für den Film* Der Blaue Max, *in dem auch der verstorbene George Peppard mitgewirkt hatte, fertigte Personal Plane Services mehrere Nachbauten der Pfalz D.III an. Sie basierten auf der Tiger Moth, auch wenn die Ähnlichkeit mit dieser nicht sofort auffällt. Es wurden neue Tragflächen und Leitwerke gebaut, und die Maschinen erhielten für den Film Motoren vom Typ Gypsy Major, die zum senkrechten Einbau modifiziert worden waren. Nach Abschluß der Dreharbeiten (was immerhin schon mehr als zwei Jahrzehnte zurückliegt) wurden die Nachbauten eingelagert. Vor kurzem jedoch kaufte sie Frank Ryder für sein Museum in Alabama auf, und eine von ihnen wurde an Javier Arango verkauft, der sie komplett überholte, mit einem 200 PS starken Sechszylindermotor vom Typ Gypsy Queen ausrüstete und ihr die gleiche Bemalung gab wie die der Maschine von Leutnant Fritz Holn aus der* Jasta 21.

Links *Die Pfalz D.III startete im Frühjahr 1917 zum Erstflug. In mancherlei Hinsicht war sie der Albatros nicht unähnlich, da sie ebenfalls über einen Sperrholfrumpf in selbsttragender Schalenbauweise verfügte und mit einem Mercedes-Motor von 160 oder 180 PS Leistung ausgestattet war. Ebenso wie die Albatros war sie ein recht leistungsfähiges Flugzeug, auch wenn sie nie die gleiche Anerkennung fand wie z. B. die Albatros- oder Fokker-Kampfflugzeuge. Javier Arango kaufte den Pfalz-Nachbau Anfang 1992 auf und ließ sie rechtzeitig zur Teilnahme an der* Aerodrome '92 *überholen, die noch im selben Jahr in Guntersville stattfand. Wie er berichtet, ist die Pfalz allgemein recht angenehm zu fliegen, obgleich sie wie viele andere Muster aus dem Ersten Weltkrieg schwerfällig auf Querruderausschläge reagiert und nicht allzu stabil ist.*

Oben *Die LVG C. VI entstand durch Weiterentwicklung der früheren C. V zu einem doppelsitzigen Aufklärungs- und Artilleriebeobachtungsflugzeug. Sie wurde von einem 200-PS-Benz-Motor angetrieben und in rund 1100 Exemplaren gebaut, von denen bis heute nur noch drei Stück übriggeblieben sind. Am berühmtesten ist die von der Shuttleworth Collection unterhaltene und geflogene Maschine. Die 7198/17 wurde am 2. August 1918 von zwei S.E.5a-Piloten der 74. Staffel zur Landung gezwungen und diente später im Rahmen eines Wohltätigkeitsumzugs in London als Ausstellungsobjekt. Danach wurde sie wieder flugfähig gemacht und trat 1937 wieder bei einer Airshow der RAF in Hendon in Erscheinung, wo sie Scheinluftkämpfe mit dem Sopwith-Dreidecker, der S.E.5a und einem Bristol Fighter vorführte. 1959 wurde sie von der Shuttleworth Collection gekauft und seitdem restauriert, so daß sie heute der einzige noch flugfähige echte Doppelsitzer aus dem Ersten Weltkrieg ist.*

Rechts *Nur ein Beispiel für die typischen Probleme, vor die die Betreiber von Oldtimern aus dem Ersten Weltkrieg immer wieder gestellt werden, ist der Kühler, der der LVG fehlte, als sie in Old Warden ankam. Damit die Maschine überhaupt wieder in die Luft gebracht werden konnte, fliegt sie heute mit einem Renault-Kühler, der jedoch nicht effizient genug arbeitet, so daß der Motor leicht zum Überhitzen neigt. Ein LVG-Pilot meinte einmal, sein Bordkoffer enthalte stets einen Teebeutel, damit er sich nach einer überhitzungsbedingten Notlandung wenigstens einen Tee mit dem kochenden Kühlwasser brauen könne. Von den beiden anderen LVG C. VI, die es noch gibt, befindet sich eine im Luftfahrtmuseum von Brüssel, während die andere zur Zeit von der Memorial Flight Association im Auftrag des* Musée de l'Air *restauriert wird. Bei dieser Gelegenheit entsteht zugleich eine Kopie der letztgenannten Maschine, die einen Original-Benz-Motor erhält, so daß demnächst der weltweit einzige flugfähige Pfalz-Nachbau die Werkstätten von Dugny verlassen wird.*

L.V.G.
719

L.V.G. C.VI
7198/18

Links *Die letzte Fokker-Konstruktion aus dem Krieg war ein Hochdecker mit 110-PS-Oberursel-Umlaufmotor. Trotz dieser geringen Leistung war die Konstruktion dieses Kampfflugzeugs schon recht fortschrittlich. Der Rumpf bestand aus der üblichen geschweißten Stahlrohrkonstruktion und ähnelte stark dem der Dr.1. Die Tragflächen jedoch bestanden aus einer stabilen und effizienten sperrholzbeplankten Holzkonstruktion und hatten integrierte Querruder. Die D. VIII war aerodynamisch ziemlich „sauber" aufgebaut, so daß Fokker ebenso viel Leistung aus seiner schwach motorisierten Maschine holte wie andere Konstrukteure, die erheblich stärkere Motoren verwendeten. Nur sehr wenige D. VIII kamen jedoch an der Front an, vor allem deshalb, weil dieses Muster aufgrund eines qualitativ minderwertigen Flugzeuglacks, der zu strukturellen Schäden führte, eine Zeitlang Flugverbot hatte.*

Nächste Seite *Als die Probleme mit den Tragflächen endlich behoben waren, war der Krieg auch schon fast zu Ende, so daß die D. VIII kaum zum Einsatz kam. Die einzigen Originalkomponenten, die es von diesem Flugzeug noch gibt, sind ein Rumpf und ein Motor, die beide im Caproni-Museum in Italien stehen. Zudem existieren auch nur noch wenige Konstruktionszeichnungen zur D. VIII, so daß die Flugzeugbauer zur Anfertigung eines Nachbaus die Tragfläche neu konstruieren mußten. Es entstanden einige solcher Nachbauten, so z. B. dieses mit einem Sternmotor ausgerüstete Exemplar, das sich im Museum von Frak Ryder in Alabama befindet. Einige weitere sind noch im Bau, darunter eines mit einem Umlaufmotor, das in der Werkstatt von Eberhard Fritsch in Deutschland steht.*

CLEARED FO
Das neue flieger magazin mit
noch mehr
● Format
● Infos
● Service
● Freizeitangeboten!
flieger magazin
Winterfreuden
So startet man vom Eis
Wellengebiete im Vergleich
Aus dem Flieger auf die Piste
Ausritt auf dem wilden Blechgaul
JETZT:
•Mehr Format
•Mehr Farbe
•Mehr Information
Barron-Hilton-Cup
Im Cañon ist die Hölle los
ausführlicher – praxisnah – farbiger

Das Luftfrachtgeschäft hat nicht nur älteren Flugzeugen der Typen 707, DC-8 und DC-9 eine Verlängerung ihrer Lebensdauer beschert, sondern auch dem großen Bestand an Maschinen des Musters Boeing 727. Hier stehen gerade zwei 727-Frachtmaschinen von Federal Express in der trockenen Nachmittagshitze eines Apriltages 1993 in Arizona.

Die Flugzeuge warten am Luftfrachtterminal des Frachtflughafens Phoenix Sky Harbour auf ihre Beladung mit Päckchen und Paketen, die zunächst zum FedEx-Frachtknotenpunkt in Nashville (Tennessee) befördert werden. Die beiden dreistrahligen Jets symbolisieren zugleich die gesamte Zeitspanne von fast 20 Jahren, während derer die 727 in Renton produziert wurde. Die 727-2S2F mit dem Beinamen „Jeremy David" im Vordergrund verließ als eine der letzten Maschinen dieses Musters die Werkshalle und absolvierte im April 1984 ihren Erstflug, während die N511FE dahinter aus dem Jahr 1965 stammt und damit ein ausgesprochener 727-Veteran ist.

Die ältere Maschine hat einen kürzeren Rumpf und wurde ursprüglich für Eastern Airlines gebaut, wo sie bis zum Zusammenbruch dieser Fluggesellschaft im Jahr 1989 ununterbrochen in Dienst stand. Noch im selben Jahr wurde sie zu einer Frachtversion umgebaut. Bei Boeing hatte man erwartet, daß von der 727 etwa 300 Exemplare gebaut werden würden; bei Einstellung der Produktion jedoch war eine Stückzahl von sage und schreibe 1831 erreicht. „Jeremy David" und seine Artgenossen verließen das Werk Renton als letzte Dreistrahler, die dort gebaut wurden.

Einführung

Das ohrenbetäubende Dröhnen von Strahltriebwerken und die von ihnen an den Himmel gezeichneten Rauchfahnen sind die klassischen Erkennungsmerkmale der ersten Linienjets. Der respekteinflößende Anblick dieser Maschinen aus den Pioniertagen der Jetluftfahrt und die von ihnen verbreitete Geräuschkulisse kennzeichneten zugleich das Erscheinen einer neuen Passagiergeneration, als die Turbinentechnologie in ein goldenes Zeitalter des Zivilluftverkehrs eintrat. Es sollte durch eine rapide Verringerung der Flugzeiten auf den Routen rund um die Welt gekennzeichnet sein.

Die faszinierenden Fotos in diesem Buch sollen dazu beitragen, die Atmosphäre dieses vergangenen Zeitalters wachzuhalten. Anschauliche Bilder von Flughäfen in aller Welt zaubern das Flair herbei, in dem man den Geruch von Kerosin und das schrille Heulen der Turbinen und Strahltriebwerke wahrzunehmen glaubt. Zugleich dokumentieren die vom Fotografen so gut getroffenen Zeugen der Luftfahrtgeschichte aber auch den unwiderruflichen Niedergang dieser altgedienten Jets.

Auch für die letzten Überlebenden der Jet-Revolution läuft die Zeit allmählich ab, bedenkt man die heutigen Umweltschutzauflagen in punkto Lärm und Abgasemissionen. Diese Auflagen werden bis zum Jahr 2000 allgemeiner Standard sein und für die meisten der frühen Jets, die derzeit noch über Europa, Nordamerika und dem asiatisch-pazifischen Raum ihre Kondensstreifen an den Himmel zeichnen, das endgültige Aus bedeuten.

Das Verschwinden dieser Linienjets der ersten Generation dürfte von vielen begrüßt und nur von wenigen bedauert werden. Schließlich werden sie heute allgemein als unwirtschaftliche, treibstoffdurstige und laute Flugzeuge betrachtet, die schwer instandzuhalten sind und hohe Betriebskosten verursachen. Überraschenderweise jedoch haben sich ertaunlich viele dieser Dinosaurier Marktnischen erschlossen, in denen sie durchaus noch rentabel betrieben werden können. So ist beispielsweise die DC-8 von McDonnell Douglas ein beliebtes Flugzeug bei vielen US-Luftfrachtgesellschaften und Expreßpaketdiensten: Etwa 110 von derzeit rund 170 Maschinen dieses Musters in aller Welt haben ihren Heimatstandort in den USA.

Umgekehrt machen die niedrigen Leasing- und Anschaffungskosten Flugzeuge wie z.B. die Boeing 707 zu einer attraktiven Alternative für so manche der unter hohem Kostendruck stehenden Fluggesellschaften in Mittel- und Südamerika, Afrika und Ländern des Mittleren Ostens. Weltweit befinden sich zur Zeit noch rund 180 Boeing 707 im zivilen Einsatz, von denen 130 in den genannten Regionen betrieben werden.

Mit etwas Glück könnten sich einige ältere Maschinen auch aufgrund der Rezession der neunziger Jahre eines Aufschubs ihrer Ausmusterung erfreuen. Ausgerechnet diese Rezession, die viele Linienjets für immer „gegrounded“ hat, zwang nämlich einige Fluggesellschaften, ihre bereits erteilten Bestellungen über die Lieferung moderner Maschinen zurückzuziehen und sich Gedanken darüber zu machen, wie die älteren weiter betrieben werden konnten. Zu diesem Zweck werden derzeit für verschiedene Flugzeugtypen sogenannte „Hushkits“, also Nachrüstsätze zur Verringerung des Triebwerkslärms, entwickelt. In einigen Fällen — z.B. bei der McDonnell Douglas DC-9 und der Boeing 727 — ist es sogar möglich, die Originaltriebwerke gegen Triebwerke neuer Technologie auszutauschen.

Insgesamt dürften wohl rund 1900 „Alt-Jets“ bis zum Ende des Jahrhunderts aus dem Verkehr gezogen werden. Dies mag zwar für den einen oder anderen Luftfahrtenthusiasten betrüblich sein, aber ein Gutes hat es trotzdem: Auf diese Weise nämlich wird die vorliegende Fotosammlung schon bald zu einer wertvollen Dokumentation einer vergangenen Ära der Luftfahrtgeschichte.

Rechts: Die noch mit Kolbentriebwerken ausgestatteten Luftfracht-Oldtimer von Douglas bilden einen passenden Rahmen für die klassischen Jet-Transportmaschinen, die der Fotograf 1990 in ihren Parkpositionen auf dem Flughafen von Miami entdeckt hat. Die Maschine in der Mitte ist die DC-8-55F mit dem US-Kennzeichen N29549, die 1965 als „N8785R“ an Trans Caribbean Airways geliefert wurde und dort den Beinamen „James Roy II“ erhielt. Hier trägt sie die Lackierung der Luftfrachtgesellschaft LACSA Carga aus Costa Rica. 1992 wurde die Maschine von American International Airways übernommen. Auf diesem Foto ist die ungewöhnliche Konfiguration der Triebwerke von Pratt & Whitney zu erkennen, mit denen die DC-8 der Serie „50“ ausgestattet war: An Triebwerk Nr. 1 (ganz im Vordergrund) ist die separate Kaltluft-Schubumkehrvorrichtung gut zu sehen, die etwa in der Mitte der Triebwerksgondel um die Turbine herum verläuft. Daneben verfügt das JT3D-3-Triebwerk auf der Auslaßseite über ein Schubumkehrsystem, bei dem die beiden Schaufeln die Triebwerksabgase nach vorn umlenken.

Inhalt

N740FW

Boeing 707

Die Mittagssonne eines Märztages 1988 glitzert auf dem polierten aluminiumfarbenen Seitenleitwerk dieser Florida-West-Boeing 707-351C mit dem Kennzeichen N740FW, die hier gerade über das Vorfeld von Miami International geschleppt wird. Miami ist der Hauptsitz von Florida West, von wo aus die Gesellschaft mit einer 707-Flotte Linien- und Charterfrachtflüge nach Bogotà, Buenos Aires, Panama-Stadt, Managua und zu anderen Destinationen in Mittel- und Südamerika anbietet. Einige Charterflüge führen die gezeigte Maschine aber auch bis nach Europa und in den Mittleren Osten. Die N740FW absolvierte ihren Erstflug im November 1966 und wurde im darauffolgenden Monat an Northwest Orient ausgeliefert, in deren Diensten sie bis 1974 stand. Ursprünglich hatte Northwest Orient die Douglas DC-8 bestellt, doch stellte sich heraus, daß die ersten Ausführungen dieses Musters für einige Langstreckenverbindungen wie z. B. den Direktflug von Seattle nach Tokio nicht geeignet war. Zunächst setzte die Gesellschaft eine Langstreckenversion der 720B – eine 707-Variante mit verkürztem Rumpf – ein, beschaffte aber später angesichts steigender Auslastungszahlen die für Langstreckenbetrieb konzipierte 707-320 Intercontinental. Die N740FW ging später an Jugoslovenski Aerotransport (JAT) und dann an Nigeria Airways, bevor Florida West 1987 die Maschine kaufte.

Oben: Noch einmal die N740FW, diesmal jedoch – drei Jahre zuvor – in Diensten von Jugoslovenski Aerotransport und mit dem Kennzeichen YU-AGJ versehen. Hier beschleunigt die 707-351C gerade zum Start von der Startbahn 27 links des Londoner Flughafens Heathrow.

Rechts: Die MEA-Boeing 707-323C „OD-AHD", abgestellt auf London-Heathrow an einem Herbsttag des Jahres 1985. Während der unsicheren Zeiten des Libanon-Konflikts bildete die 707-Flotte von MEA das Rückgrat der Aktivitäten dieser Fluglinie von ihrer Basis Beirut aus. Während des mehr als 20 Jahre andauernden Krieges gingen mehrere Maschinen durch Artilleriefeuer und Raketenangriffe verloren und dienen heute teilweise als Ersatzteillager, mit dem der Betrieb der noch fliegenden Maschinen aufrechterhalten wird. Der Blickwinkel, unter dem diese Maschine fotografiert wurde, läßt einen auffälligen Unterschied zwischen den Pylonen erkennen, an denen die Triebwerke vom Typ Pratt & Whitney JT3D aufgehängt sind: Das Triebwerk Nr. 1 (links außen) verfügt im Gegensatz zu den Triebwerken Nr. 2, 3 und 4 nicht über den kleinen Lufteinlaß oberhalb des Hauptlufteinlaufs, wie er bei den meisten 707-Versionen zu finden ist. Dieser kleine Lufteinlaß liefert die Luft, die, in einem Turbokompressor verdichtet, an die in der Flügelwurzel untergebrachte Klimaanlage weitergeleitet und anschließend je nach Bedarf erwärmt bzw. abgekühlt der Kabine zugeführt wird. Die abgebildete Maschine wurde im August 1967 von American Airlines als „Astrojet" in Dienst gestellt und im November 1982 in die MEA-Flotte aufgenommen.

OD-AHD
British airways

BOEING 707-320B UND -320C	
Typ:	Langstrecken-Frachtflugzeug (320C) oder kombiniertes Passagier-/Frachtflugzeug
Spannweite:	44,42 m
Länge:	46,61 m
Höhe:	12,93 m
Flügelfläche:	279,64 m^2
Gewicht:	Höchstabfluggewicht 151.315 kg; Leergewicht 63.740 kg; reine Frachtversion (320C) 60.725 kg
Triebwerke:	Vier Zweiwellenturbinen Pratt & Whitney JT3D-3 oder -3B mit je 8.165 kg Schub oder JT3D-7-Triebwerke mit je 8.618 kg Schub
Flugleistungen:	Höchstgeschwindigkeit im Reiseflug 966 km/h; Reiseflug für niedrigsten Treibstoffverbrauch 886 km/h; Reichweite mit maximaler Zuladung 9.915 km
Zuladung:	24.709 kg; 43.603 kg (nur Fracht, 320C-Version); 189 Sitze für die Passagiere (oder wahlweise 202 Sitze und zwei zusätzliche Notausgänge)
Besatzung:	Vier Personen
Gebaute Exemplare:	188; 336 Maschinen der Version 320C

Der Lärm wurde im Lauf der Zeit zu einem der größten Probleme für die 707 – wenn nicht zum größten überhaupt -, und so unternahmen einige 707-Betreiber Schritte, um ihre Investitionen in Maschinen dieses Typs durch den Einbau von Nachrüstsätzen zur Lärmverringerung (Hushkits) nicht vorzeitig abschreiben zu müssen. Zu diesen Betreibern gehört auch die Fluggesellschaft MEA, die sich für den von der US-Firma Comtran International angebotenen Umbausatz „Super Q" entschloß. Hier überfliegt die Boeing 707-3B4C „OD-AFD" gerade die Landebahnbefeuerung von London-Heathrow im Januar 1991. Nicht nur die auffällige rote Beschriftung „New Q" der „Foxtrot Delta" läßt erkennen, daß es sich um eine 707 mit Hushkit handelt; dies verraten auch der verlängerte Lufteinlauf und -auslaß der Triebwerke, die den größten Anteil bei der Lärmverringerung haben. Der Nachrüstsatz besteht aus Auskleidungen von Rohr Industries und DynaRohr. Im Licht der niedrig stehenden Januarsonne ist der um den vorderen Teil der einzelnen Triebwerke herum verlaufende Bypass-Kragen deutlich zu sehen. Durch den Nachrüstsatz konnte die Maschine in die Lärmkategorie 2 eingestuft werden, denn der Umkreis, in dem sie einen Schalldruckpegel von 100 EPNdB (environmental perceivable noise decibels = Dezibel bei Gewichtung nach einer Bewertungskurve, die den Grad der Lärmbelästigung in Abhängigkeit von der Frequenz berücksichtigt) erzeugt, sank infolge des Hushkits von 5,6 nautischen Meilen (nm) oder 10,4 km auf 2,8 nm (5,2 km). Dabei brauchten keine Nachteile – z. B. beim Enteisungssystem oder bei der Schubumkehr – in Kauf genommen zu werden. Ungewöhnlich ist dieses Flugzeug auch deshalb, weil es noch immer von seinem ersten Käufer betrieben wird. Die abgebildete 707 wurde im Oktober 1969 ausgeliefert und – abgesehen von zwei kurzen Einsätzen bei Saudi Arabian Airlines und Nigeria Airlines, jeweils auf Leasingbasis – bis heute ausschließlich von MEA geflogen.

MEA
NEW Q

Oben: Schwarze Rauchfahnen – ein unverkennbares Indiz für die volle Startleistung, mit der diese TMA-Boeing 707-321C den Londoner Flughafen Heathrow im Oktober 1992 verläßt. Gerade wurde das Fahrwerk mit einem Hydraulikdruck von fast 3.000 lbs eingezogen, um die Aerodynamik der Maschine zu verbessern, die sich jetzt mit 200 Knoten (360 km/h) im Steigflug befindet, wobei die Klappen noch auf die Startstellung von 17° eingestellt sind. Der 707-Frachter von TMA mit dem Kennzeichen OD-AGP wurde auf dem Flug zu seinem Heimatflughafen Beirut (Libanon) fotografiert, von wo aus TMA Luftfracht-Linienverbindungen in den Mittleren und Fernen Osten, nach Südostasien und in die USA unterhält. Die gezeigte Maschine hatte am 14. Juni 1967 (übrigens dem Tag, an dem der Herausgeber geboren wurde!) ihren Erstflug auf dem Boeing-Firmenflughafen Renton und wurde acht Tage später als „Clipper Golden Fleece" an Pan American World Airways ausgeliefert. Im Juni 1977 kaufte TMA die 707.

Oben rechts: Das hellgelbe Seitenleitwerk der Boeing 707-3J8C von Sudan Airways hebt sich vom Hintergrund eines trüben Junitages über London-Heathrow im Jahr 1986 ab. Dahinter rollt eine McDonnell Douglas DC-9 über einen Taxiway etwa in Höhe der halben Bahnlänge. Als eine der letzten 707, die zur Passagierbeförderung gebaut wurden, absolvierte die ST-AFB ihren Erstflug genau 12 Jahre vor Entstehen dieser Aufnahme. Die meisten der nach der „Foxtrot Bravo" gebauten 707-Maschinen waren Militär- oder Frachtversionen und für Länder wie Iran und Saudi-Arabien bestimmt. Die Mehrzahl der letzten 90 Maschinen, die zwischen 1977 und 1992 die Boeing-Werkshallen verließen, dienten als Plattform für das fliegende Frühwarn- und Kontrollsystem („airborne warning and control system", AWACS) der NATO. Die AWACS-Version E-3 ist leicht an ihrem markanten, tellerförmigen Radom auf der Rumpfoberseite zu erkennen.

Rechts: Die Air-Seychelles-Boeing 707-324C mit dem Kennzeichen S7-2HM wurde gerade rückwärts aus ihrer Parkposition auf den Taxiway von Zürich-Kloten geschoben, um ihren langen Flug zu ihrem derzeitigen Heimatflughafen im Indischen Ozean anzutreten. Im Oktober 1988, als dieses Foto entstand, war die Maschine fast 20 Jahre alt und hatte bereits in den Diensten von Continental Airlines in den USA und der brasilianischen Fluggesellschaft Varig gestanden, bevor sie ihre Laufbahn bei verschiedenen Leasinggesellschaften fortsetzte. Von Air Seychelles gelangte die S7-2HM ein Jahr später zurück an Equator Leasing Incorporated und wurde im Juli 1991 von Angola Air Charter übernommen.

SUDAN
ST-AFB
British Midland

Zürich
A48
A04
A46
A02
Air Seychelles
S7-2HM

BOEING 707-320

Typ:	Langstreckenflugzeug für Passagier- und Frachtbeförderung
Spannweite:	43,41 m
Länge:	46,61 m
Höhe:	12,7 m
Flügelfläche:	268,68 m²
Gewicht:	Höchstabfluggewicht 141.520 kg; Leergewicht 61.235 kg
Triebwerke:	Vier Zweiwellenturbinen Pratt & Whitney JT4A-3 mit je 7.167 kg Schub. Später gebaute Maschinen wurden mit JT3D-9-Triebwerken mit je 7.620 kg Schub ausgerüstet; die letzten erhielten JT4A-11-Triebwerke mit je 7.495 kg Schub
Flugleistungen:	Höchstgeschwindigkeit im Reiseflug 969 km/h; Reiseflug für niedrigsten Treibstoffverbrauch 876 km/h; Reichweite mit maximaler Zuladung 7.700 km
Zuladung:	24.950 kg; Sitzplätze für 189 Passagiere
Besatzung:	Vier Personen
Gebaute Exemplare:	69

Die Boeing 707-328C „Suez" von Zarkani Aviation Service aus Ägypten steht an einem warmen Septembertag des Jahres 1985 für Arbeiten der Wartungscrew auf dem Flughafen Stansted bereit. Abgesehen von den hohen Instandhaltungskosten, ist eine alte 707 für Fluggesellschaften aus Entwicklungsländern wegen ihres niedrigen Anschaffungspreises eine durchaus erwägenswerte Alternative. Die SU-DAB wurde von Air France im Juni 1967 als Neuflugzeug gekauft und flog dort unter dem Namen „Chateau de Lude". In „Suez" wurde sie bei Übernahme durch ZAS im März 1983 umbenannt. Später ging sie durch die Hände verschiedener Leasingagenturen, um schließlich als 5B-DAZ bei Avistar zu landen.

Eine Boeing 707-3F9C von Nigeria Airways an ihrer Abstellposition auf dem englischen Flughafen Manston (Kent), fotografiert im Oktober 1993, rund neun Monate nach ihrer erneuten Übernahme durch eine Finanzierungsgesellschaft. Wegen der langen Standzeit muß die Maschine einer Kontrolle der Kategorie C oder einer Jahresnachprüfung unterzogen werden, bevor sie wieder für den Flugbetrieb freigegeben werden kann. Die Zelle, die sich nach wie vor in gutem Zustand befindet, wurde seit August 1988 von Aer Lingus im Auftrag von Nigeria Airways gewartet und zählt mit „nur" 30.700 Flugstunden und 11.400 Starts und Landungen zu den jüngsten der Boeing-Baureihe 707. Die Maschine wurde im Januar 1973 als Neuflugzeug von Boeing direkt an den afrikanischen Carrier ausgeliefert.

Oben und links: In einem Hangar, nicht weit von der nigerianischen 707, führt die Wartungscrew von Jet Support in Manston eine C-Kontrolle an einer wesentlich stärker beanspruchten Maschine durch, die der Luftfrachtgesellschaft DAS (Dairo Air Service) gehört. Diese Maschine der Version 707-338C, in deren Bordbüchern bereits 80 000 Flugstunden und 25 000 Starts und Landungen verzeichnet sind, wurde im Februar 1965 an die australische Fluggesellschaft QANTAS ausgeliefert. Seit 1984 fliegt sie bei DAS Air Cargo regelmäßig die Strecken von Nairobi, Lagos und Entebbe nach London-Gatwick. Daneben wird sie jedoch auch für Bedarfsflüge zwischen Nairobi und Amsterdam eingesetzt, auf denen Blumen transportiert werden.

Materialermüdung und Korrosion sind die schlimmsten Feinde, die altgedienten Linienjets wie der 707 zu schaffen machen. An der 707-323B von Air Gambia mit dem Kennzeichen HR-AMW führt die in Manston ansässige Firma Jet Support gerade eine komplizierte Reparatur am vorderen Flügelholm durch. Die Arbeiten wurden in drei Wochen abgeschlossen, so daß die Maschine wieder auf ihrer gewohnten Strecke zwischen Banjul und London-Gatwick eingesetzt werden konnte.

Die Boeing 707-330B von Lowa Limited mit dem Kennzeichen N88ZL rollt zum Rollhalteort von Startbahn 09 rechts des Londoner Flughafens Heathrow. In der Frühjahrssonne vom März 1993 sind deutlich die Lufteinläufe und Vorverdichterschaufeln der rechten JT3D-Triebwerke von Pratt & Whitney zu sehen, die gleich einen Startschub von je 8.165 kg liefern werden. Was man auf diesem Foto ebenfalls gut erkennt, sind die zusätzlichen Lufteinlaßklappen, die während des Starts und des anschließenden Steigfluges voll geöffnet bleiben, um einen möglichst hohen Luftdurchsatz zu erzielen. Während des Reisefluges werden sie zur Minimierung des Luftwiderstands mittels einer Rückstellfeder geschlossen. Diese Maschine hob am 7. Dezember 1965 vom Boeing-Werksflughafen Renton zum Erstflug ab und wurde anschließend an Lufthansa geliefert, wo sie drei Wochen darauf das Kennzeichen D-ABUF und den Beinamen „Hannover“ erhielt. Nach einem kurzen „Gastspiel“ bei Condor – einer 100-Prozent-Lufthansatochter – wurde die 707 im Februar 1981 ausgemustert und 1984 von der US-Firma Lowa wieder in Betrieb genommen, nachdem Lowa sie bei Aerommer Limited geleast hatte. Aufgrund dieses Leasingabkommens fliegt die Maschine noch heute, also ein ganzes Jahrzehnt später.

BOEING 720B

Typ:	Passagierflugzeug für Kurz- und Mittelstrecken
Spannweite:	39,87 m
Länge:	41,68 m
Höhe:	12,67 m
Flügelfläche:	234,2 m²
Gewicht:	Höchstgewicht 106.140 kg; Leergewicht 62.163 kg
Triebwerke:	Vier Turbinen Pratt & Whitney JT3D-3 mit je 8.165 kg Schub. (Einige der heute noch fliegenden Maschinen sind mit JT3D-1-Turbinen ausgerüstet, die je 7.718 kg Schub liefern)
Flugleistungen:	Höchstgeschwindigkeit im Reiseflug 978 km/h; Reiseflug für niedrigsten Treibstoffverbrauch 858 km/h; Reichweite mit maximaler Zuladung 6.614 km
Zuladung:	18.600 kg; Sitzplätze für maximal 181 Passagiere
Besatzung:	Vier Personen
Gebaute Exemplare:	154

In aller Welt sind ausgediente Jets immer häufiger ein gewohnter Anblick. Ohne Triebwerke und mit verblassendem Lack wartet diese einsame Boeing 720-059B in Miami im März 1988 auf den Schneidbrenner, fast fünf Jahre, nachdem sie von Leaseway International ausgemustert wurde. Zuletzt trug die Maschine, die 1961 als Neuflugzeug an die nationale kolumbianische Fluggesellschaft Avianca ausgeliefert worden war, das Kennzeichen N4451B. Bei Avianca, wo sie nacheinander die Beinamen „Bolivar" und „Cordova" erhalten hatte, flog die 720 bis Juli 1983. Danach ging sie in den Besitz von Monarch Aviation über und landete schließlich bei Jet Star Incorporated. Im November 1983 kaufte Leaseway die Maschine, um sie noch im selben Moonat auszumustern. Die 720 war knapp acht Meter kürzer als die 707-320 und wog 17.000 kg weniger als der Langstreckenjet.

Ungewohnt ragen die Tragflächen dieser 707-344B nach oben, da sie nicht mehr durch das Gewicht ihrer JT3D-Turbinen von Pratt & Whitney belastet werden. Dieses Flugzeug von Guyana Airways, das 1965 von South African Airways in Dienst gestellt worden war, stand bereits vier Monate auf einer Abstellfläche des Flughafens Manston, als dieses Foto Ende 1993 entstand. Die Tragflächen der 707 haben, was ihre Stabilität angeht, einen legendären Ruf. So stieß z. B. eine 707 von TWA im Dezember 1965 in einer Höhe von 11 000 Fuß mit einer Lockheed Constellation von Eastern Airlines über New York zusammen. Mehr als 13 Meter der linken 707-Tragfläche waren dabei abgebrochen, und doch gelang es der Besatzung, die Maschine 19 Minuten nach der Kollision auf dem Flughafen John F. Kennedy sicher zu landen. Im selben Jahr hatte es bereits einen ähnlichen Unfall gegeben, an dem eine 707 von Pan Am beteiligt war. In diesem Fall wurde ein acht Meter langes Teilstück einer Tragfläche abgetrennt, weil kurz nach dem Start in San Francisco eines der Triebwerke explodiert war. Auch diese Maschine konnte sicher auf einem Militärflugplatz auf der anderen Seite der Bucht von San Francisco aufsetzen. Beide Vorfälle führten zu dem legendären Telex aus der TWA-Wartungsabteilung: „Ergänzung zur Liste der unklaren Fluggeräte — Ab sofort gelten sämtliche Boeing 707 als flugklar, auch wenn eine Tragfläche fehlen sollte.“

Oben: Die „CC-CAF“, eine Boeing 707-331C, rollt über einen Taxiway des Miami International Airport, der in flirrenden Hitze der Floridasonne eines Apriltages 1988 liegt. Die in Chile registrierte 707 diente zum Luftfrachttransport auf den Strecken von Santiago nach Bogotà, Frankfurt, Miami, New York, Panama-Stadt und Sao Paulo, bis sie 1990 in den Besitz von Aerolineas Uruguayas überging. Erstmalig in Dienst gestellt worden war die Maschine im Oktober 1967 von TWA mit dem Kennzeichen N5774T. Dort wurde sie bis 1978 als „Star Stream 707“ eingesetzt, bis sie die US-Fluggesellschaft an den in Santiago ansässigen Carrier FastAir verkaufte.

Rechts: Die meisten für zivile Zwecke eingesetzten 707 der späten achtziger und frühen neunziger Jahre verdankten ihr Überleben dem Luftfrachtgeschäft, so auch diese altgediente Transportmaschine vom Typ Boeing 707-327C, die hier auf einem Zwischenstopp in Miami im März 1989 abgelichtet wurde. Erstbesitzer dieser Maschine war die Firma Braniff Airways, die sie im Oktober 1967 mit dem Kennzeichen N7103 in Dienst stellte. Danach gelangte sie zunächst in die Flotten verschiedener Fluggsellschaften wie z. B. Singapore Airlines und Shanghai Airlines, bis sie im Dezember 1988 schließlich von der chilenischen Inlandsfluggesellschaft Ladeco übernommen wurde.

Cargo
CYA
492

Eine der letzten europäischen Fluggesellschaften, die die 707 für Passagierlinienflüge einsetzte, war Air Portugal (TAP). Die Boeing 707-373C „CS-TBJ“, beobachtet im August 1987, wird in wenigen Sekunden auf der Landebahn 27 links von London-Heathrow aufsetzen. In der gezeigten Landekonfiguration — Vorflügel ausgefahren, maximale Landeklappenstellung (50°) — sinkt die 707 im letzten Teil des Endanfluges mit einer Rate von 700 Fuß pro Minute (3,6 m/s). Unmittelbar vor dem Aufsetzen wird die Geschwindigkeit auf 138 Knoten verringert. Vier Monate nach Entstehen dieses Fotos verkaufte TAP die Maschine an Sicotra Aviation in Zaire, wo sie das Kennzeichen 9Q-CSB erhielt. Als Neuflugzeug war dieses Flugzeug Ende Mai 1966 mit dem Kennzeichen N372WA an World Airways ausgeliefert worden.

Oben: Die bolivianische Boeing 707-323C „CP-1698“, die hier an einem wolkenlosen Märztag des Jahres 1988 auf ihrer Parkposition von Miami International steht, wird soeben mit einer Luftfrachtpalette beladen. Für den Einsatz als Frachtflugzeug wurde die Maschine mit einer 2,5 m hohen und 3,5 m breiten Frachtraumtür ausgestattet. Die gezeigte Maschine, die im Februar 1968 als N8406 von American Airlines in Dienst gestellt worden war, kann ein Fracht- oder Palettenvolumen von maximal 161 Kubikmetern aufnehmen. Das Be- und Entladen einer palettierten Luftfrachtladung von 44 Tonnen dauert weniger als eine Stunde.

Rechts: Dasselbe Flugzeug, derselbe Flughafen, jedoch genau ein Jahr später. Die Boeing 707-323C von Lloyd Aero Boliviano (LAB) transportiert nach wie vor Fracht und wird auf diesem Foto gerade beladen. Die „C-Jets“, wie sie von Boeing genannt wurden, verfügten im wesentlichen über die gleichen technischen Eigenschaftem wie die 707-Version 320B Intercontinental, waren jedoch mit einem massiveren Hauptdeck und einem verstärkten Fahrwerk ausgerüstet, um eine höhere Nutzlast befördern zu können. Dabei stand das „C“ gleichermaßen für „convertible“, „combi“ und „cargo“. In dieser Konfiguration konnte die Maschine gleichzeitig für den Fracht- und Passagiertransport eingesetzt werden, wobei die Frachtpaletten im vorderen Teil des Hauptdecks untergebracht wurden. Das obere Hauptdeck bietet ein Volumen von 226 Kubikmetern, zu dem noch die insgesamt 48 Kubikmeter der beiden Unterdecks kommen. Ein Teil des Innenraums unterhalb der Decks konnte im Bedarfsfall außerdem zur Unterbringung bordeigener Frachthandhabungsgeräte genutzt werden.

DOMINICANA
HI-442
PUERTO PLATA

TRANSCORP
BRISBANE

Oben links: Fast schon ein Erinnerungsfoto an die zu Ende gegangene Karriere der Dominicana-Boeing 707-399C „HI-442“, die 1988 auf dem Vorfeld des Flughafens Miami mit abgedeckten Triebwerks-Lufteinläufen abgestellt ist. Die „Puerto Plata“ hieß nach ihrer Auslieferung an Caledonian Airways kurz nach Weihnachten 1967 zunächst „County of Ayr“. Nach einem kurzen Einsatz bei der British Overseas Airways Corporation (BOAC) im Jahr 1969 gelangte die Maschine im November 1970 zu ihrem Erstbesitzer zurück, der sich allerdings nun – nach dem Zusammenschluß von Caledonian und British United Airways – British Caledonian nannte. Später flog die 707 sieben Jahre lang bei dem portugiesischen Carrier TAP und im Rahmen eines Leasingvertrages kurzzeitig auch bei Nigeria Airways, bevor sie 1980 zunächst außer Dienst gestellt wurde. 1983 kaufte Dominicana die Maschine und setzte sie mehrere Jahre im Liniendienst ein, bis sie schließlich endgültig ausgemustert und in Santo Domingo eingelagert wurde.

Links: Die Appartementhochhäuser unmittelbar hinter der Transcorp-Boeing 707-330C, abgestellt im November 1986 auf dem Flughafen Kai Tak, lassen erahnen, in welch drangvoller Enge dieser Flughafen in das Gebiet der britischen Kronkolonie Hong Kong eingebettet ist. Angesichts eines derartigen Platzmangels ist verständlich, warum man große Anstrengungen unternimmt, um auf einer kleinen, dem Territorium von Hong Kong vorgelagerten Insel einen neuen Flughafen – Chek Lap Kok – zu bauen. Im Zuge der allgemein hohen Zuwachsraten im asiatischen Luftverkehr stieg auch der Bedarf an Luftfrachtkapazität. Vielfach war die 707 schon zu klein, um diesem Bedarf gerecht zu werden, und wurde daher auf den wichtigsten Strecken durch Widebody-Frachtmaschinen ersetzt. Die hier gezeigte Maschine war im November 1965 an Lufthansa geliefert worden und flog dort 20 Jahre lang mit dem Kennzeichen D-ABUA und dem Beinamen „Europa“. 1985 kaufte Transcorp Airways die Maschine und gab ihr zunächst den neuen Namen „Perth“. Später wurde sie in „Hong Kong Kowloon Trader“ umbenannt und im November 1988 von der – ebenfalls australischen – Firma Ansett Air Freight erworben. Nach fast zwei Jahren Flugbetrieb als „Brisbane“ wurde sie ausgemustert und auf dem Flughafen Perth abgestellt. Im Dezember 1992 jedoch kaufte Global Air die 707, die nun doch noch zu einer letzten (Leasing-) Karriere mit dem bulgarischen Kennzeichen LZ-PVA starten konnte.

Oben: Die Boeing 707-370C von Iraqi Airways wird im Oktober 1986 – Jahre vor den unseligen Kriegszeiten am Persischen Golf – auf dem Flughafen von Peking nach ihrer Ankunft aus Bagdad über das Vorfeld zur Parkposition geschleppt. Die „YI-AGG“ gehörte zu den letzten Flugzeugen dieses Musters, die für die Zivilluftfahrt gebaut wurden; sie wurde im Oktober 1974 an Iraqi Airways ausgeliefert. Zwar gelang es dem Irak, einen Großteil des Fluggeräts seiner staatlichen Fluggesellschaft vor der Zerstörung durch die alliierten Streitkräfte während des Golfkrieges Anfang 1991 zu bewahren, indem die Maschinen nach Indien und in den Iran verlegt wurden, aber trotzdem steht die zivile irakische Flugzeugflotte bis heute am Boden. Erst 1993 wurden wieder Inlandsflüge mit Maschinen des Typs Antonow An-24 gestattet.

Eine Boeing 707-327C von Kuwait Airways im Anflug auf London-Heathrow an einem klaren Märztag des Jahres 1993. Nach dem Ende der Kampfhandlungen 1991 mit dem Irak stand Kuwait vor der gewaltigen Aufgabe des Wiederaufbaus, der selbstverständlich auch die nationale Fluggesellschaft einschloß. Kuwait Airlines hatte Flugzeuge der Muster Airbus A300, Boeing 767 und Boeing 727 unterhalten, die vom Irak beschlagnahmt worden waren. Die nicht zerstörten Maschinen – bzw. diejenigen, die sich zum Zeitpunkt der Invasion im Ausland befunden hatten – wurden zwar nach Kuwait zurückgeführt, aber selbst 1993 hatte die Airline ihren Vorkriegsbestand nicht wieder erreicht. Eine der Maschinen, die Kuwait Airlines durch Leasing beschaffte, war die gezeigte 707 mit dem (libanesischen) Kennzeichen OD-AGX, die von TMA für den Luftfrachtdienst angemietet wurde. Diese Maschine wurde von Boeing im Mai 1966 an Braniff Airways ausgeliefert; 1980 übernahm TMA die Maschine als neuer Eigentümer, nachdem TMA sie jahrelang immer wieder auf Leasingbasis genutzt hatte.

Oben und rechts: Eine weitere Maschine, die die entstandenen Lücken bei Kuwait Airways füllte, war diese in Ghana registrierte 707 der britischen Peak Aviation. Das Foto zeigt die geöffneten Triebwerke, die gerade im Jet Support Centre in Manston im Rahmen der für die 707 vorgeschriebenen B-Kontrolle einer eingehenden Inspektion unterzogen werden. Die B-Kontrolle ist alle 120 Tage fällig und dauert normalerweise etwa fünf Tage. Nach der Wartung kehrte die Maschine in den Frachtdienst auf den Strecken zwischen Kuwait, London-Heathrow und Amsterdam zurück, wobei sie auf Sub-Leasingbasis für die libanesische TMA flog. Das in der 707 am häufigsten eingesetzte Triebwerk war die JT3D-Turbine von Pratt & Whitney. Dieses Triebwerk bildete die wichtige Grundlage, auf der P&W die JT8D-Turbine entwickeln konnte, dem erfolgreichsten Jettriebwerk der Luftfahrtgeschichte. Die meisten 707-Versionen einschließlich Intercontinental 320B und 320C flogen mit JT3D-Turbinen, nur wenige dagegen – beispielsweise die Grundversion der 320 Intercontinental – wurden mit JT4A-Turbinen bestückt. Bis zur Serienreife der späteren „-3"-Triebwerke waren die Turbinen der Serie „4A" einfach die leistungsfähigsten, die sich zum Einsatz in der 707 eigneten, denn sie lieferten über 900 kg mehr Schub als die JT3C-Turbine mit 6.124 kg, die zum Antrieb der ersten 707-Muster der Baureihe 120 verwendet wurden. Einen gewissen Markterfolg konnte aber auch Rolls-Royce mit dem Conway Mk 508 verbuchen. Die mit diesem Triebwerkstyp bestückten Maschinen erhielten die Bezeichnung 707-420. Hauptkunde war BOAC, doch auch Air India, Lufthansa, Varig und El Al beschafften diese Triebwerke. Gerüchten zufolge war der Boeing-Vertrieb nicht sonderlich begeistert, als sie die erste für BOAC bestimmte 707-420 zu Gesicht bekamen, trug sie doch die höchst ungewohnte Aufschrift „Rolls-Royce 707"!

COMTRAN
INTERNATIONAL

Oben: Die Boeing 707-330B „Z-WKU“ von Air Zimbabwe schwebt in London-Gatwick ein. Sie kommt aus Amsterdam, wo sie nach einem nächtlichen Direktflug von Harare einen Zwischenstopp eingelegt hat. Auch diese Maschine stand einst in den Diensten von Lufthansa, wo sie nach ihrer Auslieferung im Jahr 1966 unter dem Namen „Dortmund“ flog. Nach ihrer Übernahme durch die afrikanische Fluggesellschaft im April 1982 erhielt sie zunächst das Kennzeichen VP-WKU, also eine Registrierung in einer britischen Kronkolonie bzw. einem britischen Protektorat. Erst 1983 wurde sie unter dem offiziellen Kennzeichen von Zimbabwe registriert. Der Metallstab an der Spitze des Seitenleitwerks ist übrigens eine Kurzwellenantenne und nicht, wie häufig irrtümlich angenommen wird, eine Staudruckabnahme für die Fahrtmesseranzeige.

Links: Auf diesem Foto einer 707 von Air Gambia, aufgenommen in Manston, ist der vergrößerte Bypass-Kanal des Comtran-International-Hushkits rechts im Bild gut zu erkennen. Comtran verlegt derzeit seine gesamten Aktivitäten auf dem Gebiet der Hushkit-Nachrüstung von Kalifornien nach San Antonio (Texas). Dort entsteht in Zusammenarbeit mit Quiet Nacelle und Aviation Leasing ein noch effizienterer Lärmschutz-Nachrüstsatz für die 707, das sogenannte „Stage 3 Kit“.

Oben: Nach einem langen Streckenflug rollt diese Boeing 707-351B von Kenya Airways bei – für englische Verhältnisse – gar nicht jahreszeitgemäßem Wetter im Juni 1986 über die Taxiways des Londoner Flughafens Heathrow. Die 5Y-BBI hatte im März 1968 ihren Erstflug und wurde nur drei Tage später mit dem Kennzeichen N378US an Northwest Orient Airlines ausgeliefert. Im September wurde die „Bravo India" an Kenya Airways verkauft, wo sie – wie ihre Schwestermaschine 5Y-BBJ – häufig für Reisen des kenianischen Präsidenten Daniel Arap Moi eingesetzt wurde, bis die Fluggesellschaft ihren ersten Airbus A310 erhielt. Im Hintergrund ist die geparkte Vickers VC10 (Serie 1103) A40-AB der Regierung von Oman zu sehen, daneben eine 707 von Nigeria Airways. Die A40-AB steht heute im Luftfahrtmuseum Brooklands in der Nähe von Weybridge (England).

Rechts: Diese beiden identisch lackierten 707 begegnen sich normalerweise über dem Atlantik, nachdem sie von ihren jeweiligen Heimatflughäfen im südamerikanischen Guyana und im afrikanischen Gambia gestartet sind. Die meisten 707 sind heute in Afrika, Süd- und Mittelamerika sowie im Mittleren Osten stationiert. Ende 1993 wurden in diesen Regionen noch 130 Maschinen des Musters 707 und einige Boeing 720 im aktiven Flugbetrieb eingesetzt, verglichen mit nur 24 Flugzeugen in den USA, 13 Maschinen in Europa und ganzen sechs im asiatisch-pazifischen Raum. Die Maschine links im Bild, die EL-AJT von Guyana Airways, hatte vier Monate lang auf dem Flughafen Manston gestanden, als dieses Foto Ende 1993 gemacht wurde. Rechts schiebt sich gerade die markante Nase der 707 „HR-AMW" von Air Gambia ins Bild. Diese Airline hat allerdings inzwischen Konkurs angemeldet und fliegt seit Januar 1994 nicht mehr.

Guyana Airways

Rechts und gegenüberliegende Seite: Die vielen elektromechanischen Instrumente – hier ein Blick in das Cockpit einer 707 von Air Gambia – werden in modernen Jets nach und nach durch Bildschirme und Multifunktionsdisplays abgelöst. Solche Anzeigen ermöglichen beispielsweise auch das Einblenden kompletter Start- und Landechecklisten – bei der gezeigten 707 werden diese Checks noch am Schalterfeld des hinter dem Copiloten sitzenden Bordingenieurs „abgehakt“.

1 2 3 4
HR AMW
FLAP
AUTO PILOT CONTROLLER

Oben: Eine in Saudi-Arabien registrierte Boeing 707-321B steht ohne Leitwerk und Tragflächen in einer Ecke des Flughafens Manston. Einstmals hieß sie „Clipper Yankee“ und gehörte zur angesehenen Flotte von Pan American, bis sie 1987 an den saudi-arabischen Prinzen Turki verkauft wurde, der sie zu einem fliegenden Palast umbauen ließ. Wie sich jedoch bei einer eingehenden Kontrolle herausstellte, hatte der Zahn der Zeit in Form von gravierenden Korrosionserscheinungen an der Maschine genagt, so daß sie unverzüglich von Stansted nach Manston verlegt wurde, wo sie heute noch steht. Allein die Innenausstattung genügt nach wie vor den Ansprüchen eines Prinzen, von Plüschmöbeln bis zu vergoldeten Armaturen!

Rechts: So manche 707 erhielt nachträglich eine kleine Zusatzflosse auf der Heckunterseite, nachdem man bei den ersten Flugerprobungen auf Probleme mit der Richtungsstabilität aufmerksam geworden war. Zugleich dient sie als Sicherheitselement für den Fall einer Überrotation beim Start. Auf ein solches Überrotieren, also eine Bodenberührung des Hecks kurz vor dem Abheben, wurden damals mehrere Comet-Unfälle zurückgeführt, so daß man sich bei Boeing vorsichtshalber zu dieser Maßnahme entschloß.

Douglas DC-8

Diese und folgende Seiten: Die altgediente DC-8-55F 9G-MKC begibt sich zum Startpunkt der besonders breiten Startbahn von Manston, um gleich zu einem Fototermin im August 1993 aufzusteigen. Für Douglas war das 1955 gestartete DC-8-Programm ein enormes Risiko, denn Douglas verfügte im Gegensatz zu Boeing nicht über die Erfahrungen aus dem Bau der schweren Bomber B-47 und B-52. Hinzu kam auch, daß der Prototyp der 707 bereits seinen Erstflug erfolgreich absolviert hatte, als man bei Douglas erst mit der Entwicklung der DC-8 begann. Douglas stand so stark unter Zeitdruck, daß man den Bau eines eigenen Prototypen einfach übersprang und gleich in die Serienfertigung ging. So war die erste DC-8, die 1958 zum Erstflug abhob, zugleich die erste Serienmaschine. Die gezeigte -55F gehört zur Baureihe DC-8F Jet Trader, die sowohl für den Passagier- als auch den Luftfrachttransport ausgelegt war. Die erste Version der Jetfamilie war die DC-8-54F, von denen die erste Maschine im Oktober 1962 startete, und einige dieser Maschinen fliegen heute noch. Die DC-8-55F war für maximal 43 000 kg Zuladung ausgelegt und hatte eine Reichweite, die eine Atlantiküberquerung in beiden Richtungen ermöglichte. Sie wurde von JT3D-3B-Turbinen von Pratt & Whitney angetrieben, bei denen es sich um leicht verbesserte Versionen der in der DC-8-54 eingesetzten Triebwerksversionen mit 8.165 kg Schub handelte. Die abgebildete Maschine wird von der in London-Gatwick ansässigen MK Cargo Airlines auf einigen ständig bedienten Routen sowie für Sonderflüge zu jedem beliebigen Ziel eingesetzt, bei dem ein Bedarf an Lufttransportmöglichkeiten besteht. Sie wurde 1964 an Seabord World Airlines ausgeliefert und stand später in den Diensten der französischen *Armée de l'air* sowie der Regierung von Togo. Heute startet sie hauptsächlich vom belgischen Ostende oder Luxemburg aus zu Frachtflügen.

MK
AIRLINES

DOUGLAS DC-8, SERIE 50

Gewicht:	Höchstgewicht 147.415 kg; Leergewicht 60.020 kg
Triebwerke:	Vier Zweiwellenturbinen Pratt & Whitney JT3D-1 mit je 7.718 kg Schub; diese wurden später meist durch JT3D-3-Turbinen mit je 8.165 kg Schub ersetzt
Flugleistungen:	Reichweite mit maximaler Zuladung und ohne Reserven 11.260 km
Gebaute Exemplare:	87 (zuzüglich dreier aus der Serie 30 umgebauter Maschinen); 54 Exemplare der Frachtversion Jet Trader

NATIONAIR
CANADA

Oben: Die Abgasfahnen aus vier Triebwerken mischen sich in die flirrende Abendhitze der Wüste, während die DC-8-71 „N8098" von Burlington Express im April 1993 auf Sky Harbour, dem Frachtflughafen von Phoenix (Arizona), an den Start rollt. Die Gesamtleistungen der langgestreckten Version „Super DC-8" konnten auf geradezu revolutionäre Weise gesteigert werden, als Cammacorp, ein auf Modifikationen spezialisiertes Unternehmen, die zuvor verwendeten JT3D-Triebwerke von Pratt & Whitney durch vier Triebwerke vom Typ CFM56-2-C5 des Herstellers CFM International ersetzte. Diese Kraftpakete verbesserten nicht nur die Leistungen des Flugzeugs beim Start, in der Steigphase und im Reiseflug erheblich, sondern ermöglichten auch Flüge mit einer höheren Abflugmasse als mit den zuvor eingesetzten Originaltriebwerken, und das von heißen und hochgelegenen Pisten wie dieser in Arizona. Diese DC-8 wurde 1969 an United Airlines ausgeliefert, wo sie bis 1991 im Einsatz war. 1983 hatte United Airlines die Maschine von der 61- auf die 71-Version umrüsten lassen.

Links: Die große Reichweite und die relativ hohe Zuladung der DC-8-61 machten dieses Muster vor allem für den nordamerikanischen Markt zu einem höchst attraktiven Charterflugzeug. Die gezeigte DC-8-61, hier kurz vor dem Start von London-Gatwick im Sommer 1989, gehörte Airborne Express, flog aber damals auf Leasingbasis für Nationair, einem privaten Carrier aus Kanada.

Die markanten Staudruck-Lufteinläufe unter der Nase der DC-8 erinnern auf dieser Nahaufnahme einer am Luftfrachtterminal von Los Angeles International geparkten DC-8-63CF ein wenig an schiefe Zähne. Die DC-8 ist das Arbeitspferd der Luftfrachtbranche und erfreut sich bei den meisten Carriern wegen ihrer exzellenten Nutzlast- und Reichweitereserven großen Ansehens. Der Eigner dieser Maschine beispielsweise – Emery Worldwide Airlines – betreibt über 30 DC-8 auf in- und ausländischen Routen. Der mit 15 Maschinen größte Teil der „Super-63"-Flotte von Emery wurde zu den mit neuen Triebwerken ausgestatteten DC-8-73 umgerüstet, während 11 ihre Originaltriebwerke behielten. Die „Super 63" war die größte Ausführung der DC-8-Familie und flog erstmals im April 1967. Mit einer Länge von 57 Metern und einer Passagierkapazität von 259 Personen war sie das größte Verkehrsflugzeug, bis zwei Jahre später die Boeing 747 auf den Markt kam. Ursprünglich hatte McDonnell Douglas die DC-8 für die Beförderung großer Passagierzahlen auf Interkontinentalstrecken konzipiert, erkannte aber bald das große Potential dieses Typs für den Langstrecken-Luftfrachttransport. Unter diesem Aspekt entwickelte man zur Umrüstung auf die populäre Frachterversion einen verstärkten Kabinenboden, ein Luftfracht-Handhabungssystem und eine 2,16 × 3,56 m große Frachtraumtür. Fast alle heute noch fliegenden Maschinen der DC-8-Familie sind Frachtversionen und bilden das Rückgrat der Luftfrachtbranche, die noch immer beachtliche Wachstumsraten verzeichnet.

Oben: Ein Satz abgenutzter Flugzeugreifen steht auf dem Vorfeld neben einer recht ansprechend gestalteten DC-8-54F, die Miami International im März 1988 einen Besuch abstattet. Andes Airlines hatte diesen Frachter damals von der kolumbianischen ARCA geleast, bis sie 1989 von dem in Venezuela ansässigen Frachtcarrier Zuliana übernommen wurde. Diese Gesellschaft bedient heute von Maracaibo aus die Strecken nach Bogotà bzw. Medellin als einzige mit einer DC-8. Das Flugzeug auf dem Bild oben flog erstmals Ende 1962 und wurde im April 1963 als CF-TJL an Trans Canada Airlines (TCA) ausgeliefert. Nach der Übernahme von TCA durch Air Canada im Jahr 1964 flog die Maschine weitere 20 Jahre für den neuen Besitzer. Danach durchlief sie die Flugzeugflotten mehrerer Gesellschaften, unter ihnen auch Cargolux, um ihre Karriere schließlich in Mittelamerika zu beenden. Vor allem durch seine Nähe zum mittel- und südamerikanischen Wirtschaftsraum ist Miami ein regelrechter Zufluchtsort für „Altjets" der Lärmkategorien 1 und 2 wie z. B. der DC-8 und der Boeing 707 geworden. Aber auch kolbenmotorgetriebene Veteranen wie die DC-6 und die DC-7, von denen im Hintergrund einige zu sehen sind, sind im Miami keine Seltenheit.

Rechts: Einige wenige DC-8 fliegen weiterhin im Dienst verschiedener Streitkräfte. Die französische *Armée de l'air* beispielsweise setzt mehrere DC-8 als Transportflugzeuge ein und hat einige weitere Maschinen dieses Musters zu Plattformen für die elektronische Aufklärung umgerüstet. Die F-RAFA/45820 wird vom eleganten Kontrollturm von Paris-Charles de Gaulle überragt, vor dem sie kurz vor ihrem Verkauf an Kanada im September 1989 fotografiert wurde, um als C-FIWW von World Wide Charter Transport Systems wieder zu zivilen Zwecken eingesetzt zu werden. Bei der gezeigten Maschine handelt es sich um eine 55-Version, die Ende Dezember 1965 an die auf Langstreckenflüge spezialisierte französische Fluggesellschaft UTA ausgeliefert, aber gleich darauf von der französischen Luftwaffe aufgekauft wurde. Die französischen Luftstreitkräfte unterhalten eine einzige DC-8, die mit einer komplexen Aufklärungselektronik (signal intelligence, SIGINT) zum Aufspüren feindlicher Kommunikationswege ausgestattet ist. Eine neuere Version dieses Systems mit der französischen Bezeichnung SARIGUE (système aeroporte de recueil d'information de guerre electronique = luftgestütztes Erfassungssystem für die elektronische Kriegsführung) wird voraussichtlich in nächster Zukunft in eine der DC-8-55CF der französischen Luftwaffe eingebaut.

DOUGLAS DC-8, SERIE 40	
Typ:	Mittelstrecken-Passagierflugzeug
Spannweite:	43,41 m
Länge/Höhe:	45,87 m/12,91 m
Flügelfläche:	257,6 m^2
Gewicht:	Höchstgewicht 142.880 kg; Leergewicht 60.068 kg
Triebwerke:	Vier Zweiwellenturbinen vom Typ Rolls-Royce Conway 509 mit je 7.945 kg Schub. Später ausgelieferte Maschinen wurden mit Conway-509A-Turbinen ausgerüstet, die je 8.165 kg Schub lieferten
Flugleistungen:	Reichweite mit maximaler Zuladung und ohne Reserve 9.817 km
Zuladung:	15.585 kg; Sitzplätze für maximal 179 Passagiere
Besatzung:	Drei bis fünf Personen
Gebaute Expl.:	32

Links: Das Seitenleitwerk dieser ziemlich abgenutzten DC-8-43 verrät noch den europäischen Laufbahnabschnitt der Maschine bei Alitalia, wo sie 12 Jahre flog, bis sie an ARCA in Kolumbien verkauft wurde. Außer dieser DC-8 beschaffte ARCA auch ehemalige Maschinen von Braniff und Air Canada sowie drei weitere Alitalia-Jets. Einige dieser Flugzeuge dienten jedoch lediglich als Ersatzteillager, mit dem der Rest im flugbereiten Zustand gehalten werden konnte. Die hier gezeigte Maschine, bei der es sich wahrscheinlich um den ehemaligen Alitalia-Linienjet I-DIWP handelt, wurde 1988 in Miami fotografiert. Im Hintergrund stehen zwei Vertreter der beiden DC-8-Vorläufer, eine DC-6 und eine DC-7. Die zuletzt gebaute DC-7-Version (DC-7C) flog übrigens erst ab 1956 im regulären Liniendienst, also volle zwei Jahre nach dem Erstflug des 707-Prototypen. Dies brachte auch Douglas zu der Erkenntnis, daß diese Fluggeneration überholt war, und entschied sich zum Bau eines eigenen Linienjets. Im Februar 1957 begannen die ersten Vorarbeiten zur Entwicklung der DC-8, die schon am 30. Mai 1958 im kalifornischen Long Beach, wo Douglas völlig neue Produktionsstätten eingerichtet hatte, zum Erstflug startete. Als die Produktion der DC-8 am 17. Mai 1972 eingestellt wurde, hatten 556 Jets dieses Typs die Douglas-Werkshallen verlassen.

Rechts: Noch immer leuchten die farbenfrohen Lackierungen dieser beiden DC-8-62H, einstmals Bestandteil der Flotte von Hawaiian Airlines, in der hellen Frühlingssonne, so als ob sie gleich zu einem weiteren Flug über den Pazifik starten würden. Doch tatsächlich stehen sie, wie viele andere ausgemusterte oder „eingemottete" Maschinen, im April 1993 verlassen auf einem Abstellgelände im trockenheißen Südwesten der USA. Die N8969U, eine ehemalige United-Airlines-Maschine, ist eine von drei DC-8, die Hawaiian Airlines auf dem Kingman Field in Arizona abgestellt hat. Die „Super-62" war eine für extrem lange Strecken (bis zu 11.700 km) optimierte DC-8-Version. Sie verfügte über dieselben großen Tragflächen und ebenso hohe Treibstoffreserven wie die Intercontinental Super 63, hatte jedoch einen 10 Meter kürzeren Rumpf. Das insgesamt 48 m lange Flugzeug konnte maximal 189 Passagiere befördern, deutlich weniger also als die lange Version, die 259 Personen Platz bot.

N8969U

DOUGLAS DC-8 SUPER 71F/73

(Die Spezifikationen sind die gleichen wie für die auf Seite 57 beschriebene Super 63CF/F; sie unterscheiden sich lediglich in den nachstehenden Einzelheiten.)

Triebwerke:	Vier CFM56-Zweiwellenturbinen mit je 9.979 kg Schub
Flugleistungen:	Erheblich kürzere Startrollstrecke, höherer Steiggradient, geringere Lärmentwicklung und weniger Treibstoffverbrauch als die Super 63. Reichweite mit maximaler Zuladung um 1.400 km größer als bei der Super 63; bei 7.200 km Reichweite einschließlich voller Reserven wurde die maximale Zuladung von 20.400 kg auf 25.850 kg erhöht, was 280 Passagieren einschließlich Gepäck entspricht.
Gebaute Exemplare:	In den achtziger Jahren wurden über 100 Super-60- und Super-63-Maschinen auf die Version 71F bzw. 73 umgerüstet.

Links: Das Heulen von vier CFM56-Turbinen erfüllt den Anflugsektor des internationalen New Yorker Flughafens John F Kennedy, als eine DC-8-71F von United Parcel Service an einem Aprilabend des Jahres 1991 zur Landung anschwebt. Das Programm zur Umrüstung auf die neuen Triebwerke hat zwar viele Millionen Dollar gekostet, zahlt sich aber dennoch aus – nicht nur wegen der besseren Leistungsdaten, sondern auch durch die Erfüllung der strengen Lärmschutzauflagen der Stufe 3. Denn nur diejenigen Airlines, deren Flugzeuge diese Vorschriften einhalten, können fest damit rechnen, daß ihre Flugzeuge auch bis weit über das Jahr 2000 hinaus auf den meisten Flughäfen der Welt Landeerlaubnis erhalten. Die N748UP kam als Neuflugzeug im Dezember 1967 zu Saturn Airways und flog während ihrer Laufbahn für Seaboard World, Trans International, Capitol International, Flying Tiger Line und Emery Worldwide, bis sie 1985 auf die 71F-Konfiguration umgerüstet wurde. Alle UPS-Maschinen der Serie 70 erhielten außerdem ein modernes Cockpit mit CRT- und Digitaldisplays, wie sie sonst nur in Jets der neuesten Generation zu finden sind.

Oben: Eine DC-8-71 von UPS, fotografiert im Februar 1992 in der berüchtigten engen Kurve, die alle Maschinen im Anflug auf Kai Tak – den alten Flughafen von Hong Kong – in Bodennähe unmittelbar vor dem kurzen Endteil fliegen müssen. Dabei steuern die Flugzeuge zuerst eine rot-weiß karierte Signaltafel (das sogenannte „Chequerboard“) an, das auf einem Abhang in der Nähe des Flughafens positioniert ist, um dann an einem bestimmten Punkt mitten über dem dichtbesiedelten Stadtteil Kowloon in Richtung Landebahn einzukurven.

Oben: Diese Nachtaufnahme vom Frachtterminal in Los Angeles bietet fürwahr einige scharfe Kontraste. Vor dem Hintergrund der modernen Bürogebäude von Imperial Highway steht eine farbenfroh gestaltete DC-8-51 von Connie Kalitta, unmittelbar neben dem in seinem spanischen Kolonialstil anachronistisch wirkenden „Hangar One". Dieses Gebäude, das an eine frühe spanische Mission erinnert, ist das einzige, das noch aus dem Jahr 1929 stammt, als der Flughafen Los Angeles International (LAX) eingeweiht wurde. An der einen Seite hatte das Hangar One große Gelenktüren, durch die auch „Großflugzeuge" wie die Ford Trimotor eingehallt werden konnten. Damals hieß der Flughafen noch „Mines Field", ein Name, mit dem übrigens keinerlei Legenden oder Mythen verbunden sind – es war schlicht der Nachname des Immobilienmaklers, der das Gelände an die Stadt Los Angeles verkaufte.

Rechts: Diese DC-8-55 gehört American Global Airlines, die früher „Connie Kalitta Services" hieß und nach der Gattin des ersten Präsidenten und Generaldirektor der Fluggesellschaft benannt worden war. American International betreibt eine Luftfahrzeugflotte, die sich aus den Mustern Boeing 747 und 727, DC-8 und DC-9 zusammensetzt. Zehn der 14 DC-8 sind Maschinen der Serie 50. Die N807CK auf dieser Nahaufnahme war 1966 an die skandinavische Fluggesellschaft SAS geliefert worden, wo sie als „Harald Viking" bis 1980 im Einsatz war. Danach ging sie durch verschiedene Hände, bis sie 1988 von Connie Kalitta übernommen wurde.

Oben: Die tief stehende Wintersonne blinkt auf der polierten Aluminiumunterseite der DC-8-62F „N802BN" von Arrow Air beim Einschweben über der Landebahnschwelle von London-Heathrow im Januar 1991. Wie die Silhouette der Maschine deutlich erkennen läßt, sind die Douglas-Doppelspaltklappen voll ausgefahren. Die Bereiche direkt hinter den Triebwerken sind etwas höher angeordnet, damit die Klappen nicht in den Turbinenstrahl hineinragen. Diese als 62H-Version gebaute Maschine flog von 1967 bis 1978 bei Alitalia, anschließend bei Braniff Airways. Danach wechselte sie zwischen verschiedenen Fluggesellschaften – darunter Hawaiian und Aeromexico –, bis sie ausgemustert und in Miami abgestellt wurde. Doch damit war die Karriere der Maschine noch nicht zu Ende, denn sie hatte das Glück, einen Käufer zu finden, der sie im März 1989 zur 62F-Version umrüsten ließ. 1990 unterzeichnete Arrow Air ein Leasingabkommen für den Jet.

Rechts: Aus dieser Perspektive wird die enorme Länge der Super 63 deutlich. Es handelt sich um eine im Jahr 1988 abgelichtete DC-8-63CF der Arrow Air, die hier gerade über das Vorfeld von Miami geschleppt wird. Als man bei Douglas über ein Konzept für einen neuen Airliner (der späteren DC-10) nachdachte, versuchte man, den Fluggesellschaften eine weitere Verlängerung der robusten DC-8-Zelle schmackhaft zu machen. Die resultierende Konstruktion, firmenintern als DC-8-83 bezeichnet, sollte nochmals 5,8 Meter länger werden als die Version 63. Auf diese Weise wäre ein sehr schlank wirkendes Flugzeug entstanden, das mit knapp 63 Metern Länge nur etwa 6 Meter kürzer gewesen wäre als die Boeing 747. Doch die Fluggesellschaften, so sehr sie sich auch an die Biege- und Torsionsverformung der Flugzeuge der Serie DC-8 Super 60 während des Fluges gewöhnt hatten, machten Douglas unmißverständlich klar, daß es wohl besser sei, die Konstruktionspläne für ein Flugzeug mit einem noch längeren Rumpf schnell wieder in der Schublade verschwinden zu lassen …

DOUGLAS DC-8 SUPER 63	
(Die Spezifikationen sind die gleichen wie für die auf Seite 66 beschriebene Super 62; sie unterscheiden sich lediglich in den nachstehenden Einzelheiten.)	
Länge:	57,12 m
Gewicht:	Höchstgewicht 158.750 kg (63F und 63CF: 161.028 kg); Leergewicht 69.739 kg
Flugleistungen:	Reichweite mit maximaler Zuladung und den in der Verkehrsluftfahrt üblichen Reserven 7.240 km
Zuladung:	30.719 kg; Sitzplätze für maximal 259 Passagiere (63F und 63CF: 53.788 kg)
Gebaute Exemplare:	41, zuzüglich 66 Maschinen in der Fracht- bzw. Kombiversion (Versionen F und CF)

Oben: Bei dieser DC-8 sind „alle Hebel vorn“, während die durch vier JT3D-Triebwerke von Pratt & Whitney angetriebene Maschine in den Steigflug über dem Pazifik übergeht. Die im April 1993 auf dem Flughafen von Los Angeles entstandene Aufnahme dürfte auf die umweltbewußten Kalifornier ziemlich unerfreulich wirken; tatsächlich aber haben sich die Verhältnisse unter ökologischen Gesichtspunkten in den vergangenen Jahren schon erheblich gebessert. Die Abgasmengen, die neuere DC-8- und 707-Maschinen verursachen, sind im Vergleich mit den frühen Jahren des Jet-Zeitalters geradezu vernachlässigbar: Damals waren die untermotorisierten Maschinen beim Start auf Nachbrenner mit einem enormen Kerosinverbrauch angewiesen. Nachdem diese Art der Schuberhöhung den gesetzlichen Vorschriften zum Opfer gefallen war, stieß man bei Pratt & Whitney auf das Verfahren der Wassereinspritzung. Dabei wurde destilliertes Wasser in die Brennkammern eingespritzt, um so die interne Betriebstemperatur der Turbine herabzusetzen und mehr Treibstoff verbrennen zu können. Durch das Wasser wurde dem Triebwerk zudem vorgetäuscht, daß mehr Luft vom Kompressor angesaugt wurde. Durch diese Modifikationen gelang eine erhebliche Steigerung des Startschubs und somit eine deutliche Verkürzung der Startrollstrecke. Nachteilig war allerdings, daß dadurch nicht nur der Fluglärm zunahm, sondern auch hinter jeder gestarteten Maschine dichte schwarze Rauchfahnen über der Startbahn zurückblieben. Außerdem mußte das Flugzeug vor jedem Start mit Tausenden von Litern destillierten Wassers betankt werden, was natürlich zu einer Verringerung der Treibstoff-, Fracht- und Passagierzuladung führte — auf die Dauer ein unhaltbarer Nachteil.

Rechts: Anflug einer DC-8 auf Miami vor einem der eindrucksvollen Sonnenuntergänge in Florida. Während die Abgasfahnen der inneren Triebwerke fast gerade verlaufen, sind die der äußeren Triebwerke deutlich verwirbelt — ein typischer Effekt der an den Flügelspitzen entstehenden Randwirbel.

Links: Eine DC-8 von Air Transport International (ATI) auf einem Stopover in Orlando (Florida), wo sie gerade eine neue Luftfrachtpalette aufnimmt. ATI bietet Luftfrachtkapazität an, vor allem für Expreßpaketdienste, aber auch für das US-Verteidigungsministerium und für verschiedene Automobilhersteller. Die Firma hat ihren Hauptsitz in Little Rock (Arkansas) und betreibt eine gemischte Flotte aus acht DC-8-61F, -62F und -63F. Zusätzlich sollen drei DC-8-71F und -73F beschafft werden, und für die nächste Zukunft plant das Unternehmen, seinen Frachtdienst durch eine geleaste Boeing 747-100F zu ergänzen.

Rechts: Das Streifenlogo auf den Seitenleitwerken dieser beiden nebeneinander abgestellten DC-8 von Airborne Express macht sie zu einem interessanten Motiv auf dem Frachtterminal von Los Angeles International. Airborne Express unterhält 23 DC-8 und 46 DC-9, die von ihrem Hauptknotenpunkt Wilmington (Ohio) den ganzen Globus mit einem Netz aus Luftfrachtrouten zur Beförderung von Eilpaketen umspannen. Das 1980 entstandene Luftfrachtnetz verbindet heute über 180 Länder.

Eine an CF Airfreight vermietete DC-8-54F nähert sich ihrem Ziel an einem Frühlingstag 1988. Gleich wird die N141RD auf der Landebahn 09 links von Miami International aufsetzen.

DELTA

Delta – als regelrechter DC-8-Fan – unterhielt Maschinen dieses Typs mit neuen Triebwerken bis in die späten achtziger Jahre. Heute fliegt United Parcel Service die Maschine, die im November 1988 zur DC-8-71F umgerüstet wurde und danach das „firmeneigene" Kennzeichen N744UP erhielt. Als „N825E" stand sie 20 Jahre lang in den Diensten von Delta Airlines, und während der letzten fünf davon flog sie mit den modernen CFM56-Turbinen. Die Entscheidung, mehrere DC-8 mit neuen Triebwerken auszurüsten, war ein bedeutender Schritt für eine große Fluggesellschaft wie Delta, denn für die DC-8 war lange Zeit kaum ein geeigneter Nachfolger zu finden. Abgesehen von den Vorteilen, die die neuen Triebwerke im Flugbetrieb brachten, verschafften sie Delta auch eine Verschnaufpause bei der Flottenpflege, bis moderne Großraumjets wie die MD-11 verfügbar waren. Nicht zuletzt sicherte die Umrüstung dem Carrier erhebliche Vorteile beim Weiterverkauf seiner Flugzeuge: In den meisten Fällen stieg der Wiederverkaufswert um mehr als das Doppelte. Die hier gezeigte DC-8 befindet sich zum Abschluß ihres allerletzten Einsatzes als Passagiermaschine im Endanflug auf Miami International im Jahr 1988.

Oben: Die DC-8-71F „N8705J" von Mexicana geht kurz nach dem Start im April 1993 vom Flughafen Los Angeles in den Steigflug mit 170 Knoten über. Eine DC-8-71F mit dem höchstzulässigen Abfluggewicht von 147.400 kg benötigt zum Start von einem Flughafen in Meereshöhe wie z. B. LAX an einem heißen und windstillen Tag 2.740 Meter Startrollstrecke. Mit den alten Triebwerken würde eine DC-8 unter ansonsten gleichen Bedingungen einen wesentlich längeren Abschnitt der 3660 Meter langen Startbahn benötigen. Die Maschine oben war Mexicana von Southern Air Transport per Leasing überlassen worden, wobei SAT sie wiederum von der GPA Group geleast hatte. Ihren Erstflug absolvierte sie 1969; danach flog sie 21 Jahre lang bei United Air Lines, davon sieben mit CFM56-Triebwerken. Nach dem Verkauf durch United Air Lines wurde sie zur DC-8-71F umgerüstet.

Oben rechts: „Ab in die Sonne" heißt es gleich für die DC-8-62H von Hawaiian Airlines, die an diesem bedeckten Oktobertag im Jahr 1988 vom Flugsteig auf den Taxiway des Flughafens Zürich-Kloten geschoben wird. Durch ihre große Reichweite wurde die Super-60-Version der „Big Eight" zu einem attraktiven Flugzeug für Nischenmärkte, selbst in den Jahren des Widebody-Booms. Die jetzt für den hawaiianischen Carrier fliegende DC-8 wurde 1969 an United Air Lines als N8970 „Hilo Hattie" ausgeliefert. Für 15 Jahre trug sie das UAL-Outfit, bis sie zunächst in den Besitz von Arrow Air und schließlich zu Hawaiian Airlines kam. Heute fliegt sie als „VH-BMR" für Australian Consolidated Press.

Rechts: Rockstars, Basketballmannschaften und Schauspieler aus *Star Trek – Die nächste Generation* sind typische Fluggäste in den luxuriösen Flugzeugen von MGM Grand Air. Diese Fluggesellschaft bietet Sondercharterflüge zwischen Los Angeles und New York mit (nach eigener Aussage) „Fluggastservice in Superqualität" an, die vor allem Persönlichkeiten aus dem Showbusiness, der Filmindustrie und der Welt des Sports ansprechen sollen. Als 100-Prozent-Tochterunternehmen des Entertainment-Giganten Metro-Goldwyn-Mayer betreibt MGM Grand Air DC-8-Maschinen, die mit nur 35 Sitzen der ersten Klasse und weiteren 40 der „Coach"-Klasse bestuhlt sind, um voll und ganz dem Anspruch der Zielgruppe auf „Lifestyle der Reichen und Prominenten" gerecht zu werden. Hier kümmert sich gerade Page Avjet aus Orlando um die DC-8-62H „N803MG". Dieses Flugzeug begann seine Laufbahn 1967 bei Alitalia als „Gioacchino Rossini" und war vor seiner Übernahme durch MGM Grand Air zweimal vorübergehend ausgemustert worden.

HAWAIIAN

PAGE
N801MG
N803MG
GRAND

Oben: Im blankpolierten Aluminiumfinish dieser DC-8-62 von Rich International spiegelt sich an einem bedeckten Tag Anfang 1988 das Betongrau des Vorfeldes vor dem Frachtterminal von Miami International. Die N1805 war ab Werk eigentlich für Pan Am bestimmt gewesen, doch Pan Am zog seine Bestellung zurück, so daß die Maschine an Braniff ging. 1983 leaste Rich International die Maschine und kaufte sie nach zwei Jahren schließlich auf. Die Firma Rich International ist in Miami ansässig und unterhält drei DC-8-62/63 sowie drei Lockheed L-1011 TriStar, mit denen sie im Chartergeschäft tätig ist.

DOUGLAS DC-8 SUPER 62

(Die Spezifikationen sind die gleichen wie für die auf Seite 69 beschriebene Super 61; sie unterscheiden sich lediglich in den nachstehenden Einzelheiten.)

Spannweite:	45,23 m
Länge:	47,98 m
Flügelfläche:	271,9 m^2
Gewicht:	Höchstgewicht 151.950 kg; Leergewicht 64.366 kg
Triebwerke:	Vier JT3D07-Triebwerke mit je 8.618 kg Schub
Flugleistungen:	Reichweite mit maximaler Zuladung und den in der Verkehrsluftfahrt üblichen Reserven 9.640 km
Zuladung:	21.470 kg; Sitzplätze für maximal 189 Passagiere
Gebaute Exemplare:	52, zuzüglich 16 Flugzeuge in der Fracht- bzw. Kombiversion (Versionen F und CF)

Rechts: Im langen Rumpf der DC-8-62H „Armando Revoredo" von Aero Perú spiegelt sich das Licht der Abendsonne von Florida. An diesem Märztag 1988 wird gerade die Verpflegung für den Rückflug von Miami nach Lima an Bord gebracht. Als eine der letzten gebauten DC-8 fliegt die OB-R1210 seit ihrer Übernahme von Alitalia bei Aero Perú. Alitalia hatte den Jet im März 1971 als „I-DIWX" erhalten und ihm den Namen „Luigi Cherubini" gegeben.

AeroPerú
ARMANDO REVOREDO

Solche kräftigen Farben, wie sie die DC-8-62 von Surinam Airways trägt, laden natürlich jeden Fotografen zu einem Schnappschuß ein! Die Maschine, hier beim Rangieren an einem betriebsamen Sommertag in Miami, flog von 1969 bis 1981 bei Braniff Airways und wurde 1983 von Arrow Air übernommen. Für das folgende Jahr leaste sie Surinam Airways zunächst, kaufte die Maschine nach Ablauf des Leasingvertrages aber ganz auf und gab ihr 1986 den Namen „Fajalobi". Nach ihrer Umbenennung in „Anthony Nesty" flog sie noch eine Zeitlang für Surinam Airways, bis sie im Juni 1989 beim Anflug auf ihren Heimatflughafen Paramaribo verunglückte.

Paradebeispiel für eine „gestreckte DC-8“: Eine DC-8-61, aufgestellt vor den Triebwerksprüfständen auf dem Flughafen Stansted im September 1985. Das Flugzeug gehörte damals National Airways (früher „Overseas National Airways“) und war dem heute nicht mehr am Markt vertretenen isländischen Carrier Eagle Air (Arnarflug) auf Leasingbasis überlassen worden. Für kurze Zeit flog sie bei dem spanischen Charterunternehmen Spantax, bis sie von Airborne Express aufgekauft wurde und das neue Kennzeichen N841AX erhielt.

DOUGLAS DC-8 SUPER 61

(Die Spezifikationen sind die gleichen wie für die auf Seite 50 beschriebene Serie 40; sie unterscheiden sich lediglich in den nachstehenden Einzelheiten.)

Länge:	57,12 m
Höhe:	12,92 m
Flügelfläche:	267,9 m^2
Gewicht:	Höchstgewicht 147.415 kg; Leergewicht 67.538 kg
Triebwerke:	Vier JT3D-3-Triebwerke mit je 8.165 kg Schub
Flugleistungen:	Reichweite mit maximaler Zuladung und den in der Verkehrsluftfahrt üblichen Reserven 6.035 km
Zuladung:	30.240 kg; Sitzplätze für maximal 259 Passagiere

DREI-STRAHLIGE JETS

In der Abenddämmerung nahe der abendlichen Pazifikküste im Mai 1993 beschleunigt eine Boeing 727-222 von United Airlines auf Los Angeles International zum Start. Die 33jährige Verbundenheit von United wird nur von der inzwischen nicht mehr existierenden Fluggesellschaft Eastern Airlines übertroffen, die 1960 die erste Maschine dieses Typs bestellte. Eine der ersten 727 – eine Maschine der Version 22, im November 1964 geliefert und unter dem Kennzeichen N7001U registriert – kehrte 1991 nach Seattle zurück, wo sie an die von Boeing geförderte Museum of Flight Foundation übergeben wurde. Heute steht sie in Everett, wo die Großflugzeugabteilung des Museums entstehen soll.

Eine Boeing 727-222 demonstriert bei ihrem Anflug auf London-Heathrow an einem frühen Morgen im Frühjahr 1991 eindrucksvoll die Kombination verschiedener Landehilfen. Die hier abgebildete N7644U wurde 1969 an United Airlines ausgeliefert und war in den letzten Jahren im europäischen Flugraum häufig anzutreffen, nachdem United die Pan-Am-Routen zwischen Großbritannien und Deutschland übernommen hatte. Die 727 war das erste Verkehrsflugzeug mit Dreifachspalt-Hinterkanten-Landeklappen. Diese ausgeklügelten Klappensysteme bewirken in Verbindung mit den über die gesamte Spannweite reichenden Vorflügeln im voll ausgefahrenen Zustand eine Vergrößerung der Flügelfläche um 25 Prozent und ermöglichen somit eine drastische Verkürzung der Start- und Landerollstrecken. Daß Boeing bei der Konstruktion der 727 derart komplexe Landehilfen vorgesehen hatte, ging auf die anspruchsvolle Forderung von Eastern nach Eignung der Maschine für Plätze mit besonders kurzen Start- und Landebahnen zurück. Eastern bestand darauf, daß die 727 in der Lage sein sollte, vollbeladen von der Startbahn 04/22 des New Yorker Flughafens La Guardia zu starten und sicher dort zu landen. Zu dieser Zeit war La Guardia der einzige Flughafen in den USA, der mit einem Instrumentenlandesystem ausgerüstet war. Die Landebahn selbst war mit einer nutzbaren Länge von nur 1480 Metern ausgesprochen kurz für einen Linienjet.

BOEING 727-200	
Typ:	Kurz- und Mittelstreckenflugzeug für Passagiere und Luftfracht
Spannweite:	32,92 m
Länge:	46,69 m
Höhe:	10,36 m
Flügelfläche:	157,9 m^2
Gewicht:	Höchstgewicht der ersten Version 83.820 kg, bei der 727-200 erhöht auf 86.405 kg; Leergewicht der ersten Version 44.271 kg, Leergewicht der 727-200 44.815 kg
Triebwerke:	In der Standardversion drei Zweiwellenturbinen vom Typ Pratt & Whitney JT8D-9A mit je 6.577 kg Schub, auf Kundenwunsch auch mit JT8D-15-Triebwerken mit je 7.031 kg, JT8D-17-Triebwerken mit je 7.258 kg oder JT8D-17-Triebwerken mit 7.893 kg maximalem Kurzzeitschub als Sonderspezifikation
Flugleistungen:	Höchstgeschwindigkeit im Reiseflug 953 km/h; Reiseflug für niedrigsten Treibstoffverbrauch 917 km/h; Reichweite 18.144 kg Zuladung und voller Reserve in der ersten Version 2.685 km, in der Version 727-200 2970 km und in der neuesten Version 3.966 km
Zuladung:	Strukturbedingt begrenzt auf 18.144 kg; Sitzplätze für maximal 189 Passagiere
Besatzung:	Drei Personen
Gebaute Exemplare:	1260

Oben: „Sonnenbrillen auf – los geht's!" Sieht man genau hin, so erkennt man gerade noch die Sonnenbrillen der United-Airlines-Piloten, die ihre Boeing 727-222 an einem Frühjahrstag von 1993 auf LAX an den Start rollen. Hinter ihnen wartet ein weiterer Dreistrahler, eine McDonnell Douglas DC-10-30 von Northwest Airlines.

Rechts: Als ob sie mit der Sonne untergeht: Das Inkrafttreten immer strengerer Lärmschutzbestimmungen dürfte für viele 727 bis zum Jahr 2000 das Aus bedeuten. Paradoxerweise jedoch haben dieselben Vorschriften zur Entwicklung von Umrüstprogrammen geführt, die einigen Flugzeugen dieses Musters möglicherweise zu noch 20 weiteren Dienstjahren verhelfen könnten. Das umfassendste Programm bietet die in Texas beheimatete Firma Dee Howard an, wobei die JT8D-9-Triebwerke von Pratt & Whitney – Standardausrüstung bei der Boeing 727-100 – durch Rolls-Royce-Turbinen vom Typ Tay 650 ersetzt werden. Bis heute ist United Parcel Service der einzige Kunde für dieses Programm, doch könnten sich noch andere Unternehmen dafür entscheiden, denn der Stichtag für die lauten 727 rückt unaufhaltsam näher. Ursprünglich hatte Boeing geplant, die 727 mit dem Spey-Triebwerk von Rolls-Royce auszurüsten, mußte jedoch wegen des Widerstands von Eddie Rikkenbacker, Präsident des Erstkunden Eastern, dieses Vorhaben aufgeben. So wandte sich Boeing an Pratt & Whitney, wo durch Weiterentwicklung eines Militärtriebwerks die JT8D-Turbine entstand, die mit über 14.000 produzierten Einheiten zur erfolgreichsten Zivilflugzeugturbine in der Geschichte der Luftfahrt wurde. Diese 727 wurde 1988 an einem windstillen Sommerabend wenige Sekunden vor dem Aufsetzen auf der Landebahn 27 links von London-Heathrow fotografiert.

BOEING 727-100	
Typ:	Kurz- und Mittelstreckenflugzeug für Passagiere und Luftfracht
Spannweite:	32,92 m
Länge:	40,59 m
Höhe:	10,36 m
Flügelfläche:	157,9 m^2
Gewicht:	Höchstgewicht der ersten Version 72.575 kg, später erhöht auf 76.655 kg; Leergewicht der ersten Version 39.734 kg, Leergewicht der 727-100C 41.322 kg
Triebwerke:	Drei JT8D-Zweiwellenturbinen von Pratt & Whitney, zunächst in der JT8D-1-Standardversion mit je 6.350 kg Schub, später auf Kundenwunsch in der JT8D-9-Version mit je 6.577 kg
Zuladung:	Zwischen 13.154 kg bei den ersten ausgelieferten Maschinen und 15.649 kg bei den später gebauten Exemplaren mit höheren Abflugmassen; bis zu 19.958 kg bei der reinen Frachtversion (727-100C); Sitzplätze für maximal 131 Passagiere
Besatzung:	Drei Personen
Gebaute Exemplare:	407 Maschinen der Version 727-100, 164 Maschinen der Version 727-100C und -QC

Oben links: Dieses Bild, aufgenommen auf dem Flughafen Fort Lauderdale – Hollywood im März 1988, charakterisiert den verhängnisvollen Wendepunkt im Werdegang dieser Boeing 727-52. Nachdem sie SunCoast Airlines fast ein Jahr lang auf Subleasingbasis überlassen worden war, sollte sie eigentlich für Florida National Airlines weiterfliegen. Zu diesem neuen Einsatz aber kam es leider nicht, und die Maschine wurde später nach Istanbul überführt, wo sie zunächst einige Jahre eingelagert und 1992 schließlich auseinandergenommen wurde. Diese 727 flog erstmals im März 1965 und wurde im selben Monat mit dem Kennzeichen N466US an Northwest Orient Airlines ausgeliefert. 1978 kaufte sie Piedmont Airlines, und von 1983 bis zu ihrem bedauernswerten Ende 1988 wechselte sie fast 20 mal den Besitzer. Die frühe Version mit dem kurzen Rumpf erzielte nicht den hohen Wiederverkaufswert wie die späteren, gestreckten Versionen 727-200 und 727-200 Advanced, die kurz vor Auslaufen der 727-Produktlinie 1984 gebaut wurden.

Oben: Die Boeing 727-235 „Clipper Quick Step" von Pan American World Airways beim Rotieren auf der Startbahn von Miami International an einem Märznachmittag 1988. Als diese Aufnahme entstand, war die N4749 fast 20 Jahre alt und stand bereits 12 Jahre in den Diensten von National Airlines, als sich dieser Carrier 1980 mit Pan Am zusammenschloß. Als Pan Am der geschäftliche Erfolg verließ, war die „Clipper Quick Step" eines von mehreren Flugzeugen, die an ein Finanzierungskonsortium verkauft und auf der Grundlage eines Rückleasingabkommens weiterbetrieben wurde. Als die Fluggesellschaft 1991 endgültig Konkurs anmelden mußte, blieb die 727 bis 1992 ungenutzt, als Braniff International Airlines ein neues Leasingabkommen für sie unterzeichnete.

Oben: Diese auf dem Vorfeld von Orlando (Florida) abgestellte Boeing 727-22C wird von einem mobilen Hilfsgenerator mit elektrischer Energie versorgt. Eine Ausnahme, denn die 727 war der erste Linienjet, der über ein bordeigenes Hilfsstromaggregat (auxiliary power unit, APU) und integrale Einstiegstreppen verfügte und somit von Bodeneinrichtungen der oben gezeigten Art unabhängig war. Diese 727, die heute von Emery zur Luftfrachtbeförderung eingesetzt wird, war 1966 ursprünglich als Passagiermaschine an United Air Lines geliefert worden. Nach einem kurzen Einsatz in Südamerika bei SAM Colombia (per Subleasing von Avianca) im Jahr 1981 kehrte die Maschine gegen Ende des Jahres in die USA zurück und fliegt seitdem bei Emery. Bei genauem Hinsehen erkennt man die große Frachtraumtür in der Mitte der vorderen Rumpfhälfte.

Links: Als der 727-Prototyp E-1 („E“ für Eastern) am 9. Februar 1963 zum Erstflug startete, war eines der unerwarteten Phänomene eine Reihe von Strömungsabrissen im Kompressor des mittleren Triebwerks. Eine genauere Analyse ergab, daß das Problem auf eine turbulente Luftströmung zurückzuführen war, die durch die ovale Form des Lufteinlaufs des im Seitenleitwerk angeordneten Triebwerks Nr. 2 hervorgerufen wurde. Wie man auf diesem Foto einer Boeing 727-30C von Evergreen International Airlines erkennt, entschied sich diese Fluggesellschaft für die Beibehaltung der ursprünglichen Außenkonstruktion, die ein markantes Unterscheidungsmerkmal gegenüber den Maschinen der kürzeren Serie 100 darstellt. Die turbulenten Strömungseigenschaften und die Strömungsabrisse im Triebwerk wurden behoben, indem die Innenseite des großen, schlangenförmigen S-Kanals, über den das Triebwerk mit Luft versorgt wird, mit Vortexgeneratoren (VGs) bestückt wurde. Dabei handelt es sich um kleine Erhebungen, wie man sie häufig auch auf der Oberseite von Tragflächen sieht. In diesem Fall wurden die VGs auf der Außenhaut des Seitenleitwerks angebracht. Jede dieser kleinen Ausbuchtungen ragt durch die Grenzschicht unmittelbar über der Leitwerksoberfläche, in der die Luft langsamer strömt als in größerem Abstand, in den Bereich geringfügig höherer Strömungsgeschwindigkeit. Durch den VG wirbelt die schneller strömende Luft in den Bereich geringerer Strömungsgeschwindigkeit, so daß die Strömung eine höhere Gesamtenergie erhält und stabiler an der Oberfläche anliegt. Die N726EV von Evergreen ist übrigens die ehemalige Lufthansa-727 D-ABIO „Hagen“ und wurde im April 1991 auf dem New Yorker Flughafen John F. Kennedy International fotografiert.

Oben: Die letzten Strahlen der Abendsonne glänzen auf der Boeing 727-82C „N709DH“ auf Miami International im Frühjahr 1990. Dieses Flugzeug von DHL Worldwide Courier, einstmals die CS-TBO „Costa do Sol“ von Transportes Aereos Portugueses, flog erstmals im November 1968 und war anschließend über 10 Jahre bei TAP im Einsatz. Was in dieser gedämpften Beleuchtung gut zu sehen ist, ist die komplexe Anordnung der Vorflügel und der Dreispalt-Landeklappen. Die Schubumkehrschaufeln an Triebwerk Nr. 1, einer JT8D-Turbine von Pratt & Whitney, sind ausgefahren, die hintere Einstiegstreppe ist heruntergeklappt.

Rechts: Diese imposante Nachtaufnahme gewährt einen Blick auf den Arbeitsplatz des Bordingenieurs in einer Boeing 727-223 von American Airlines, die an einem Flugsteig auf dem Raleigh-Durham Airport, einem der Hauptzentren dieser Fluggesellschaft in North Carolina, angedockt hat. Die Tatsache, daß zum Betrieb der 727 ein Bordingenieur benötigt wird, ist einer der Hauptgründe, warum dieses Muster letztlich aus der vordersten Linie des Liniendienstes verschwunden ist. American Airlines, ehemals Großbetreiber von Flugzeugen der Muster 727-100 und -200, verkleinert zur Zeit seine Flotte von mehr als 150 Maschinen im Jahr 1993 auf etwa 60 Stück bis zum Jahr 2000. Als einen von mehreren Gründen für die Ausmusterung ihrer altgedienten Arbeitspferde nennt die Gesellschaft die hohen Betriebskosten, die eine dreiköpfige Besatzung verursacht, verglichen mit dem effizienteren Betrieb moderner Jets, für die nur ein Pilot und ein Copilot benötigt werden. Mit Ausnahme der McDonnell Douglas DC-10 werden alle Flugzeuge der American-Airlines-Flotte künftig von einer zweiköpfigen Besatzung geflogen.

Oben: Ein klassisches Bild der Boeing 727-200 in ihrer Originalkonfiguration als Passagiermaschine, aufgenommen 1988 auf dem Miami International Airport. Avensa – für „Aerovias Venezolanas" – betreibt von ihrer Basis Caracas aus eine große 727-100- bzw. 727-200-Flotte. Der venezolanische Carrier übernahm diese ehemalige 727-227 von Braniff Airways im Jahr 1981, wobei die Maschine das neue Kennzeichen YV-76C erhielt. Im Juli 1991 wurde sie vom ebenfalls venezolanischen Unternehmen Servivensa geleast.

Rechts: Eine Boeing 727 beim Start in den Abendhimmel über Las Vegas im April 1993 vor dem Hintergrund der 1800 Meter hohen Muddy Mountains. Bei ihrem ersten Einsatz im Linienverkehr im Jahr 1960 waren viele von dem mit 18° ziemlich steilen Steigflugwinkel überrascht, denn die meisten damals gängigen Passagiermaschinen erreichten lediglich Steigwinkel von eher gemächlichen 15 Grad.

Der größte britische Vorstoß auf dem Gebiet der dreistrahligen Jets, die Hawker Siddeley Trident (früher „de Havilland 121") war von Anfang an im internationalen Wettbewerb benachteiligt, denn dieses Flugzeug war vor allem für die Anforderungen einer einzigen Fluggesellschaft – nämlich British European Airways (BEA) – konzipiert. Wäre das nicht der Fall gewesen, hätte die Trident sicherlich eine ganz andere Rolle in diesem Marktsegment gespielt. 1959 regte der Vorstandsvorsitzende von BEA, Lord Douglas, gegenüber Boeing und Hawker Siddeley an, bei den Entwicklungsprogrammen für die 727 und die Trident miteinander zu kooperieren und ein gemeinsames Flugzeug zu konstruieren. Zwar statteten sich Ingenieurteams beider Unternehmen gegenseitig Informationsbesuche ab, doch zu einem gemeinsamen Entwicklungsprogramm kam es nie. Boeing war der Ansicht, daß die Trident gut durchkonstruiert, aber hinsichtlich ihrer Größe, Reichweite und Leistungsdaten zu eingeschränkt sei. Nach Auffassung von BEA sollte die Trident in der Lage sein, Kurzstrecken mit einer Reisegeschwindigkeit von 520 Knoten (935 km/h) zu bedienen. Noch immer in der Lackierung des BEA-Nachfolgeunternehmens British Airways, steht eine ausgemusterte Trident 3B im August 1986 verloren auf dem Londoner Flughafen Heathrow, während sich westlich von Heathrow dunkle Wolken auftürmen. Die Trident 3B war die letzte Version des HS-Dreistrahlers, der zwischen 1969 und 1975 in 28 Exemplaren gebaut wurde (die letzten beiden gingen übrigens an die Zivilluftfahrtverwaltung von China). Der abgedeckte Triebwerksauslaß gehört zu der kaum bekannten vierten Turbine der Trident 3B. Um nämlich bei der maximalen Abflugmasse von 52.395 kg die Startstrecke zu verkürzen und die Steigleistung zu erhöhen, hatte Hawker Siddeley unterhalb des Seitenruders ein kleines Rolls-Royce-Triebwerk vom Typ RB.162-86 mit 2.381 kg Schub in das Seitenleitwerk integriert. Wie schon die 2E, so war auch die Trident 3B mit drei Rolls-Royce-Spey-Turbinen RB.163-25 Mk 512 bestückt, von denen jede 5.420 kg Schub lieferte.

HAWKER SIDDELEY TRIDENT 3	
Typ:	Kurzstrecken-Passagierflugzeug
Spannweite:	29,87 m
Länge:	39,98 m
Höhe:	8,61 m
Flügelfläche:	138,7 m^2
Gewicht:	Höchstgewicht 68.040 kg; Leergewicht (Version mit 152 Sitzen) 37.090 kg
Triebwerke:	Drei Zweiwellenturbinen Rolls-Royce Spey 512-5W mit je 5.425 kg Schub sowie eine Boosterturbine mit 2.381 kg Schub
Zuladung:	15.296 kg; Sitzplätze für maximal 180 Passagiere
Besatzung:	Drei Personen
Gebaute Exemplare:	28

Trident three

Die Trident 1C von British Airways „G-ARPP“, fotografiert Anfang der achtziger Jahre in London-Heathrow, wird soeben rückwärts auf den Taxiway geschoben. Die „Papa Papa“ flog erstmals am 13. Januar 1965 und stand anschließend in den Diensten von BEA (später British Airways), bevor sie 1983 auf dem britischen Flughafen Teesside ein unwürdiges Ende als Übungsobjekt für die Flughafenfeuerwehr fand. Eine andere Trident 1 von BEA machte Luftfahrtgeschichte, als sie als erste Verkehrsmaschine im regulären Liniendienst auf London-Heathrow eine vollautomatische Landung demonstrierte. Dabei kam ein Autopilot von Smiths Autoland (heute ein Unternehmen der GEC-Marconi-Gruppe) zum Einsatz.

HAWKER SIDDELEY TRIDENT 1	
Typ:	Kurzstrecken-Passagierflugzeug
Spannweite:	29,38 m
Länge:	34,97 m
Höhe:	8,23 m
Flügelfläche:	126,16 m^2
Gewicht:	Höchstgewicht 52.163 kg; Leergewicht 30.618 kg
Triebwerke:	Drei Zweiwellenturbinen Rolls-Royce Spey 505 mit je 4.468 kg Schub
Flugleistungen:	Reisefluggeschwindigkeit typisch 948 km/h; Reichweite mit maximaler Zuladung 1.500 km
Zuladung:	9.980 kg; Sitzplätze für maximal 103 Passagiere
Besatzung:	Drei Personen
Gebaute Exemplare:	24

Die Klappen voll gesetzt und die Vorflügel ausgefahren, um Fahrt abzubauen, nähert sich die Trident 2 „G-AVFM“ von British Airways ihrem Ziel London-Heathrow an einem Sommerabend im Juli 1983. Die Maschine verließ die Produktionsstätten in Hatfield im März 1969 zum Erstflug und flog bis 1984 bei BEA und British Airways, als sie vom Brunel Technical College übernommen wurde. Noch im selben Jahr wurde sie aus dem Verkehrsdienst ausgemustert und diente fortan zum Bodentraining auf dem Flughafen Bristol. Bei der Trident 2 handelte es sich um eine verbesserte Version der Trident 1, die bis zu 115 Passagiere befördern konnte und über die leistungsfähigeren Spey-RB.163-Triebwerke verfügte. Äußerlich unterschied sich die „2“ kaum von ihren Vorgängerversionen, doch sie hatte eine geringfügig größere Spannweite und war mit widerstandsmindernden Flügelspitzen ausgestattet. Die letzten noch fliegenden Tridents – neun an der Zahl – werden von China United Airlines betrieben. Die weitaus überwiegende Mehrheit der insgesamt 117 gebauten Tridents wurden inzwischen verschrottet; einige stehen auch in Museen, während Reste anderer Tridents noch auf verschiedenen britischen Flughäfen zu finden sind.

HAWKER SIDDELEY TRIDENT 2E	
Typ:	Kurzstrecken-Passagierflugzeug
Spannweite:	29,87 m
Länge:	34,97 m
Höhe:	8,23 m
Flügelfläche:	135,73 m^2
Gewicht:	Höchstgewicht 65.090 kg; Leergewicht 33.203 kg
Triebwerke:	Drei Zweiwellenturbinen Rolls-Royce Spey 512-5W mit je 5.411 kg Schub
Flugleistungen:	Reisefluggeschwindigkeit typisch 974 km/h; Reichweite mit 9.697 kg Zuladung und voller Reserve 3.910 km
Zuladung:	12.156 kg; Sitzplätze für maximal 149 Passagiere
Besatzung:	Drei Personen
Gebaute Exemplare:	50

Zwei-strahlige Jets

Aus heutiger Sicht kaum vorstellbar: Die 737, Boeings „Baby-Jet“, stand firmenintern kurz vor dem Aus, noch bevor sie zum ersten Mal abgehoben hatte — ausgerechnet das Flugzeug, das später mit über 3000 Exemplaren zum meistverkauften Linienjet der Luftfahrtgeschichte wurde! Damals jedoch hatte man bei Boeing Bedenken, das 737-Programm fortzusetzen, weil die Douglas DC-9 und die BAC One-Eleven bereits auf dem Markt waren und ihre Hersteller schon rund 300 Bestellungen in ihren Auftragsbüchern hatten. Doch Lufthansa leitete 1965 mit einer Bestellung von 22 737-100 eine Flottenumstellung auf dieses Muster ein, und auch United Air Lines verlieh dem 737-Programm mit einer Bestellung von 40 737-200 beachtlichen Schwung. Danach geriet der Absatz allerdings für mehrere Jahre ins Stocken, so daß Boeing Mitte der siebziger Jahre schon erwog, die Produktlinie einzustellen. Doch der Auftragseingang nahm zu, und bis zum Auslaufen der Produktlinie 737-100 und -200 zugunsten der Versionen 300, 400 und 500 waren insgesamt 1295 Maschinen verkauft. Auf dem Foto rechts aus dem Jahr 1988 ist eine 737-222 von United mit dem Beinamen „City of Bakersfield“ im Anflug auf Miami zu sehen. Sie stand seit ihrer Auslieferung im Jahr 1968 bei United im Einsatz.

UNITED
9606

Auch 24 Jahre nach ihrer Auslieferung an United Air Lines sieht die N9068U, die hier im April 1993 auf Los Angeles International an den Start rollt, in der neugestalteten United-Lackierung so gut wie neu aus. Bei den Vorüberlegungen zum 737-Programm hatte Boeing ein T-Leitwerk in Betracht gezogen, wobei die Triebwerke wie bei der DC-9 am Rumpfende angeordnet gewesen wären. Diesen Plan verwarf man jedoch wieder zugunsten des damals neuen Konzeptes der Unterflügeltriebwerke, denn hinten montierte Triebwerke hätten einen höheren Luftwiderstand erzeugt und somit die Reisegeschwindigkeit der 737 herabgesetzt. Hinzu kam, daß die Unterflügelanordnung eine Senkung des Strukturgewichts der Tragflächen und eine einfachere Flügelkonstruktion ermöglichte, denn durch das Gewicht der Triebwerke wurde die Biegebelastung der Tragflächen im Flug wieder kompensiert. Beim ersten Entwurf der 737-Tragflächen war dieser Vorteil allerdings überschätzt worden, da der Flügel während der vorgeschriebenen Tests nur 95 Prozent der Höchstbelastung unbeschädigt überstand.

BOEING 737

(Die Daten gelten für die Advanced 737-200)

Triebwerke:	Zwei JT8D-9A-Turbinen von Pratt & Whitney mit je 6.575 kg Schub; optional JT8D-15-Turbinen mit je 7.030 kg Schub, JT8D-17-Turbinen mit je 7.257 kg Schub oder JT8D-17R-Turbinen mit je 7.892 kg Schub
Spannweite:	28,35 m
Gesamtlänge:	30,48 m; Kabinenlänge einschließlich Galley und Toilette 20,88 m. Maximale Kabinenbreite 3,53 m, maximale Kabinenhöhe 2,18 m. Rauminhalt der Kabine 131,26 m^3.
Frachträume:	Vorn 10,48 m^3, hinten 14,30 m^3. Maximale Zuladung beim Höchstabfluggewicht von 52.390 kg: 15.603 kg
Höchstzul. Abfluggew.:	53.070 kg
Maximale Reisegeschw.:	Mit JT9D-9A-Triebwerken und bei einem durchschnittlichen Fluggewicht von 40.823 kg in 6.890 m: 500 Knoten (927 km/h)
Steigrate:	In Meereshöhe, mit JT9D-9A-Triebwerken und einem Gesamtgewicht von 45.355 kg 4200 Fuß pro Minute (13 m/s)
Reichw. m. max. Zul.:	In 30.000 Fuß (9150 m) einschließlich Reserven für 174 nautische Meilen (321 km) Umweg und 45 Minuten Reiseflug und mit 107 Passagieren an Bord: 4075 km
Lastverteilung:	Zweiköpfige Besatzung, Sitze für bis zu 130 Passagiere, Unterflur-Laderaum vor und hinter den Tragflächen
Versionen:	737-100: Erste Version (für 103 Passagiere), mit JT8D-9-Triebwerken 737-200: Erste Version mit gestrecktem Rumpf 737-200C: Kombiversion für Passagier- und Frachtbeförderung 737-200QC: 737-200C-Version mit Schnellumbaumöglichkeit („quick-change“ version) Advanced 737-200: Version ab 1969 mit aerodynamischen und sonstigen Verbesserungen, für Plätze mit kurzen Start- und Landebahnen geeignet

UNITED AIRLINES
Worldwide Service
9568

PRESIDENTIAL AIRWAYS
N331XV

SAS
SCANDINAVIAN
SE-DBW
ADILS VIKING
G-BIKT

Oben links: Durch die auftriebssteigernden Flügelelemente (Vorflügel und Klappen) und die Schubumkehrschaufeln läßt sich die 737 auch ausgezeichnet auf Plätzen einsetzen, die nur über kurze Start- und Landebahnen verfügen. Zu Beginn der Flugerprobung war sie allerdings noch mit Schubumkehrvorrichtungen nach Art der 727 ausgestattet, die sich als uneffektiv erwiesen. In die Neukonstruktion der Schubumkehr mußten nochmals 24 Millionen Dollar investiert werden. Doch das sollte sich auszahlen, denn nun erzielte die 737 enorm kurze Landerollstrecken. Dies war ein überzeugendes Verkaufsargument gegenüber Fluggesellschaften wie z. B. Pacific Western Airlines, die auf der Suche nach robusten Jets waren, die auch von den in Kanada üblichen kurzen Pisten aus operieren konnten. Die 737 links oben, 1988 beim Landeanflug auf Fort Lauderdale (Florida) fotografiert, ist eine ehemalige Pacific-Western-Maschine. Zum Zeitpunkt der Aufnahme hatte Presidential Airways sie geleast; hier bringt sie gerade den republikanischen Senator Robert Dole während des Präsidentschaftswahlkampfes von 1988 zu einem Wahlkampfauftritt.

Links: Die DC-9-41 „Adils Viking“ von Scandinavian Airline System (SAS), aufgenommen im Juni 1989, rollt zu ihrem angewiesenen Flugsteig auf dem Pariser Flughafen Charles de Gaulle. Sie wurde im Mai 1968 mit dem schwedischen Kennzeichen SE-DBW an SAS geliefert und flog bis 1991 für die skandinavische Fluglinie. Heute gehört sie zur Flotte von Northwest Airlines und trägt das Kennzeichen N753NW. Diese DC-9 ist eine von denjenigen Versionen, bei denen eine gründliche Umrüstung und eine Ausstattung mit neuen Triebwerken eine Verlängerung der Nutzungsdauer bis über das Jahr 2010 hinaus bringen könnte. Das sogenannten „DC-9X-Programm“ zur Modifizierung dieses Musters sieht unter anderem eine Verstärkung der Rumpf-Längsstruktur und der Beplankung im Bereich um die Triebwerkspylonen herum vor. Falls das Programm realisiert werden sollte, wird es außerdem die komplette Erneuerung der Cockpits beinhalten, die dann nach den gleichen Standards ausgerüstet sein werden wie bei der heute gebauten MD-88.

Oben: Eine McDonnell Douglas DC-9-32 von Inex Adria, fotografiert im Oktober 1985 kurz vor dem Aufsetzen in London-Gatwick nach einem Flug vom damaligen Jugoslawien. Seit dieser Zeit hat nicht nur das Land seinen Namen geändert, sondern auch die Fluggesellschaft. Im Mai 1986, unmittelbar nach Erlangung der Unabhängigkeit von der staatlichen Interexport-Kontrollinstitution, gab sich Inex Adria wieder ihren angestammten Namen „Adria Airways“. Am 16. 1. 1992 erhielt die Airline ihre Flugbetriebslizenz zurück, die ihr im vorangegangenen Oktober von der Bundesbehörde für Transport und Kommunikation auf dem Höhepunkt des Bürgerkrieges in Jugoslawien entzogen worden war. Die „YU-AHJ“ hatte ihre Laufbahn eigentlich bei der nationalen italienischen Fluggesellschaft Alitalia beginnen sollen, wurde aber im April 69 als „Ljubljana“ an Inex Adria ausgeliefert. Nachdem sie dort 20 Jahre lang geflogen war – abgesehen von kurzen Einsätzen bei Egyptair und der ebenfalls ägyptischen ZAS -, erhielt die Maschine ihr heutiges slowenisches Kennzeichen SL-ABF.

Links: Die DC-9-41 „Bent Viking" von SAS glänzt in der Abendsonne kurz vor dem Aufsetzen in London-Heathrow. Deutlich zu erkennen ist die „Double-bubble"-Rumpfform, die von den Douglas-Konstrukteuren zur Maximierung des Innenraum-Volumens angewandt wurde. Kennzeichnend für diese Form ist, daß sie aus zwei Komponenten von rundem Querschnitt zusammengesetzt ist, die sich jedoch im Durchmesser unterscheiden. An der Silhouette der Maschine vor dem Abendhimmel ist außerdem ein Fremdkörperabweiser (foreign object damage deflector, FOD deflector) erkennbar, der sich unmittelbar hinter dem Bugrad befindet. In den ersten Betriebsjahren der DC-9 hatte sich nämlich herausgestellt, daß das Bugrad während des Anrollens zum Start oder beim Ausrollen nach der Landung gelegentlich Schotter, Steine oder anderes loses Material von der Bahn hochschleuderte. Diese Fremdkörper konnten die Rumpfunterseite oder sogar die Triebwerke beschädigen, so daß die Douglas-Konstrukteure das Bugrad ganz einfach mit einer Art Schutzblech versahen, das die Hinterseite des Rades umgibt. Einige Versionen der DC-9 sind auch an den Haupträdern so ausgestattet, hier jedoch insbesondere zum Schutz der Triebwerke, der Landeklappen und des hinteren Rumpfbereichs vor Beschädigungen.

MCDONNELL DOUGLAS DC-9, SERIEN 10 BIS 40

(Daten gelten für die DC-9, Serie 30)

Triebwerke:	Zwei JT8D-7-Turbinen von Pratt & Whitney mit je 6.350 kg Schub oder JT8D-9-Turbinen mit je 6.577 kg Schub oder JT8D-11-Turbinen mit je 6.804 kg Schub oder JT8D-15-Turbinen mit je 7.030 kg Schub oder JT8D-17-Turbinen mit je 7.257 kg Schub
Spannweite:	28,27 m
Gesamtlänge:	36,37 m
Kabine:	Länge 21,64 m, maximale Kabinenbreite 3,07 m, maximale Kabinenhöhe 2,18 m.
Unterflur-Frachträume:	25,3 m^3
Höchstzul. Zuladung:	12.743 kg
Höchstzul. Abfluggew.:	54.885 kg
Max. Reisegeschw.:	In 25.000 Fuß (7.620 m) 490 Knoten (907 km/h)
Reichweite:	Mit 80 Passagieren einschl. Gepäck bei Langstrecken-Reisefluggeschwindigkeit in 30.000 Fuß (9150 m) einschließlich Reserven für 100 nautische Meilen (180 km) Umweg und 45 Minuten Reiseflug in 30.000 Fuß: 3095 km
Lastverteilung:	Zweiköpfige Besatzung, Sitze für bis zu 119 Passagiere
Versionen:	
Serie 10, Modell 11:	Erste Version (für bis zu 90 Passagiere), mit JT8D-5-Triebwerken à 5.556 kg Schub
Serie 20:	„Hot-and-high"-Version, entstanden aus Kombination der Passagierversion (Serie 10) mit den längeren Tragflächen der Serie 30 und Bestückung mit JT8D-9-Triebwerken
Serie 30:	Längerer Rumpf, größere Spannweite mit neuen Zusatzauftriebselementen, optionale Ausstattung mit Triebwerken der Version JT8D-7, -9, -11, -15 oder -17 (Angaben s. o.).
Serie 40:	Wie Serie 30, jedoch mit längerem Rumpf (für bis zu 132 Passagiere), höherer Treibstoffkapazität und Triebwerken JT9-D-9, -15 oder -17
DC-9F/CF/RC:	Reine Frachterversion (F), umwandelbare Passagier-/Luftfrachtversion (CF) oder kombinierte Passagier- und Frachtmaschine (RC)

Rechts: Drei Sensoren zur Erfassung atmosphärischer Größen zieren die Nase der DC-9-33RC „City of Madrid" der königlich-niederländischen Fluggesellschaft KLM, die hier auf dem Flughafen Heathrow im April 1986 zu ihrer Position rollt. KLM war schon immer ein treuer Douglas-Kunde, betrieb sie doch praktisch alle von Douglas gebauten Verkehrsflugzeuge, angefangen von der DC-2 bis hin zur MD-11. Selbst von der fast unbekannten DC-5, die in ganzen 12 Exemplaren gebaut wurde, kam ein Drittel bei KLM zum Einsatz. Die „City of Madrid" mit dem Kennzeichen PH-DNM wurde im April 1968 von Long Beach zum Amsterdamer Flughafen Schiphol überführt. 19 Jahre lang flog die Maschine in Europa, bevor sie in die USA zurückkehrte.

KLM
City of Madrid

FINNAIR CARGO

EASTERN
N8920E
American

Oben links: Einige Piloten nannten sie wegen ihres hohen Schub-Gewichts-Verhältnisses und ihres spritzigen Flugverhaltens „Sport", den kleinsten Vertreter der zweistrahligen Douglas-Verkehrsjets, der hier in Form einer DC-9-15MC von Finnair zu sehen ist. Diese Maschine, Werknummer 165 aller in Long Beach gebauten DC-9, ging als Neuflugzeug im September 1967 zunächst an Texas International Airlines und wurde 1972 von Finnair gekauft. Nach ihrer Neueintragung mit dem neuen Kennzeichen OH-LYH setzte der neue Besitzer aus Helsinki die Maschine zur Luftfrachtbeförderung ein, bis sie 1988 von Evergreen International Airlines übernommen wurde. Später wurde sie der spanischen Air Sur als EC-489 auf Leasingbasis überlassen. Auf dieser Aufnahme, die die DC-9-15 beim Landeanflug auf London-Heathrow im August 1987 zeigt, ist die große Frachtraumtür im vorderen Rumpfbereich gut zu erkennen.

Links: Mit dem Erscheinen immer größerer Versionen der DC-9 machte Douglas zunehmend vom Einsatz auftriebserhöhender Flügelkomponenten Gebrauch, um auch den größeren und schwereren DC-9-Versionen den Betrieb auf denselben kurzen Bahnen wie den ersten Versionen zu ermöglichen. Diese Aufnahme einer DC-9-31 von Eastern bei der Landung in Miami im März 1988 zeigt ausgezeichnet den ausgefahrenen und über die gesamte Spannweite reichenden Vorflügel. Mit diesem Vorflügel, der eine Stabilisierung der Maschine im Langsamflug bewirkt, wurden alle Flugzeuge ab der Serie 30 ausgestattet. Die N8920E, eine der ersten Maschine der Serie 30, flog 21 Jahre bei Eastern Airlines, bis sie – wie viele andere Linienjets – in der Wüste von Arizona eingelagert wurde. Zwar wurde sie noch einmal für kurze Zeit an Midway Airlines vermietet, aber schon bald wieder „in die Wüste geschickt", als der in Chicago beheimatete Carrier im November 1991 Konkurs anmeldete.

Oben: Auf dem Kingman-Lagergelände in der Wüste von Arizona stehen noch weitere Midway-Opfer, wie das Foto vom April 1993 zeigt. Alle Kabinen- und Cockpitfenster, Türen und Luken, ebenso die Lufteinläufe der Triebwerke und der Klimaanlage sowie alle sonstigen Öffnungen sind hermetisch dicht verschlossen, so daß weder Staub noch Feuchtigkeit in die technischen Systeme und das Innere der Maschine eindringen können und das Flugzeug in bestmöglichem Zustand konserviert wird. Die DC-9-15 im Vordergrund flog zuletzt mit dem Kennzeichen N45779 und war von Midway nur vier Monate vor dem Konkurs der Fluggesellschaft an die Polaris Aircraft Leasing Corporation zurückgegeben worde, die sie umgehend in Arizona einlagern ließ, wo sie noch heute steht. Auf dem Foto trägt die DC-9 ihr erstes Kennzeichen N1065T, mit dem sie im März 1967 an Trans World Airlines ausgeliefert worden war.

Oben: Der Zweistrahler von Douglas konnte in Europa als beliebtes Kurz- und Mittelstreckenflugzeug einen beachtlichen Marktanteil erobern und wurde von einigen der großen Fluggesellschaften geflogen, darunter SAS, KLM und Alitalia. Hier rollt die DC-9-32 „I-DIBT" von Alitalia nach der Ankunft in Zürich an einem Herbstabend des Jahres 1988 zu ihrer Abstellposition. Alitalia – die nationale italienische Fluggesellschaft – flog die Maschine ununterbrochen seit 21 Jahren, als dieses stimmungsvolle Bild entstand.

Rechts: Mit voll gesetzten Landeklappen schwebt die DC-9-15 von British Midlands Airways (BMA) an einem klaren Januartag 1991 zur Landung in London-Heathrow ein. BMA setzt dieses Flugzeug für einen Großteil der angebotenen Zubringerdienste ein. Darauf ist auch der Beiname „The Great Mogul Diamond" dieser Maschine (G-BMAB) zurückzuführen, so benannt nach dem berühmten Edelstein, der auch dem BMA-Servicekonzept „Diamond Class" den Namen gab. Nach ihrem Roll-out im Oktober 1966 wurde die Maschine mit dem Kennzeichen N1057T an Trans World Airlines ausgeliefert. 1979 kaufte sie BMA als eine der Nachfolgemaschinen für die Vickers-Viscount-Flotte. Die DC-9 wiederum wird heute von Flugzeugen der Muster Fokker 70 und Fokker 100 abgelöst.

British Midland
The Great Mogul Diamond

Links: Frontansicht einer DC-9-15, die an einem Aprilabend des Jahres 1993 auf Los Angeles International die grün beleuchtete Taxiway-Mittellinie entlangrollt. Sie ist eine von neun Maschinen der DC-9-Versionen 14 bzw. 15 der in Mexiko beheimateten Aero California. Diese Fluglinie operiert zwar vorwiegend in Mexiko, bietet aber auch täglich grenzüberschreitende Flüge zu Flughäfen im Südwesten der USA an, so daß die farbenfrohen DC-9 dieses Carriers häufig auf US-Flughäfen wie z. B. Sky Harbour in Phoenix (Arizona) und LAX anzutreffen sind.

Oben: Als Geschäftsreisejets der Oberklasse haben sich die ältlichen BAC One-Eleven heute eine geeignete Marktnische erschlossen. So kaufte z. B. die Hilton Hotels Corporation die abgebildete One-Eleven 414EG im Jahr 1975 von der deutschen Bavaria Fluggesellschaft. Das erste Serienexemplar dieser in Großbritannien gebauten zweistrahligen Jets hob im Januar 1970 vom Werksflugplatz Hurn ab und wurde im darauffolgenden Monat an die deutsche Flugline als D-AILY „Dominikus Zimmermann" ausgeliefert. Fotografiert wurde sie im April 1993 auf McCarran Airport, dem internationalen Flughafen von Las Vegas, vor einigen dort eingelagerten DC-10. Heute ist sie in den USA als N123H registriert und trägt die Kennzeichnung des offiziellen Begleitflugzeugs während des Ballon-Weltumrundungsversuchs „Earthwinds", das von mehreren Sponsoren — unter ihnen auch die Hilton-Hotelkette — unterstützt wurde. Die Rolls-Royce-Spey-Triebwerke der One-Eleven sind mit auffälligen Hushkits ausgerüstet, die die Triebwerksgondeln länger aussehen lassen.

Links: Die One-Eleven 208AL „EI-ANG“ von Aer Lingus mit dem irischen Kleeblatt auf dem Leitwerk und ihrer irisch-grünen Lackierung, hier beobachtet beim Abfangen über der Landebahn 09 des Flughafens Bristol, ist gerade aus Dublin eingetroffen. Die Maschine mit dem Beinamen „St Declan“ war auf vielen europäischen Flughäfen lange Zeit ein vertrauter Anblick. Inzwischen wurde sie von Aer Lingus verkauft; dennoch fliegen noch vier Maschinen dieses Musters für die irische Fluglinie.

Rechts: Der kreisrunde Rumpfquerschnitt der BAC One-Eleven ist auf dieser 1985 in Bristol entstandenen Nachtaufnahme einer Maschine von Dan-Air gut zu erkennen. Diese inzwischen von British Airways übernommene Fluggesellschaft hatte das Flugzeug zehn Jahre zuvor als G-BDAS von der Brirish Aircraft Corporation erworben. Die hier gezeigte One-Eleven 518FG flog erstmals im Januar 1970 und wurde als „Halcyon Sun“ an Court Line Aviation ausgeliefert. Diese Ferienflug-Chartergesellschaft brach 1974 zusammen, und die Maschine ging in den Besitz von BAC über.

BAC ONE-ELEVEN, SERIEN 200, 300 400 und 475

Triebwerke:	Zwei Rolls-Royce-Triebwerke vom Typ Spey Mk 512 DW mit je 5.692 kg Schub
Spannweite:	28,50 m
Gesamtlänge:	28,50 m
Kabine (o. Cockpit):	Länge 17,31 m, maximale Kabinenbreite 3,16 m, maximale Kabinenhöhe 1,98 m
Frachträume:	Vorn 10,02 m^3, hinten 4,42 m^3
Höchstzul. Zuladung:	9.647 kg
Höchstzul. Abfluggew.:	41.730 bis 44.678 kg
Max. Reisegeschw.:	In 21.000 Fuß (6.400 m) 470 Knoten (871 km/h)
Steigrate:	In Meereshöhe, bei 300 Knoten (555 km/h) 2480 Fuß pro Minute (12,6 m/s)
Reichweite:	1.619 nautische Meilen (3.000 km)
Lastverteilung:	Zweiköpfige Besatzung, Sitze für bis zu 89 Passagiere in Ein- oder Zweiklassenaufteilung, zwei Unterflur-Gepäckräume vor und hinter den Tragflächen.
Versionen:	
Serie 200:	Erste Version aus der Serienproduktion mit Turbinen vom Typ Spey 25 Mk 506 à 4.686 kg Schub und Bestuhlung für maximal 89 Passagiere. Wurde in insgesamt 56 Exemplaren gebaut und kam im April 1965 auf den Markt.
Serie 300:	Weiterentwicklung der Serie 200 für den Einsatz auf längeren Strecken, ausgerüstet mit (längeren) Turbinen vom Typ Spey Mk 511 à 5.171 kg Schub und größeren Treibstofftanks. Gebaute Stückzahl: 9
Serie 400:	Die gemäß den US-Vorschriften modifizierte Serie 300, ausgerüstet mit Lift-Dumpern (Spreizklappen auf der Flügeloberseite) und Sauerstoffmasken, die bei Druckabfall automatisch ausgelöst werden. Gebaute Stückzahl: 69
Serie 475:	Mischversion mit dem serienmäßigen Rumpf und der Ausstattung der Serie 400, kombiniert mit den Tragflächen und Triebwerken der Serie 500 und modifiziertem Fahrwerk.

BAC ONE-ELEVEN, SERIE 500

Triebwerke:	Zwei Rolls-Royce-Triebwerke vom Typ Spey Mk 512 DW mit je 5.692 kg Schub
Spannweite:	28,50 m
Gesamtlänge:	32,61 m
Kabine (o. Cockpit):	Länge 21,44 m, maximale Kabinenbreite 3,16 m, maximale Kabinenhöhe 1,98 m
Gesamtvolumen der Frachträume:	19,45 m^3
Höchstzul. Zuladung:	11.983 kg
Höchstzul. Abfluggew.:	45.200 bis 47.400 kg
Max. Reisegeschw.:	In 21.000 Fuß (6.400 m) 470 Knoten (871 km/h)
Steigrate:	In Meereshöhe, bei 300 Knoten (555 km/h) 2280 Fuß pro Minute (11,6 m/s)
Reichweite:	1.480 nautische Meilen (2.744 km)
Lastverteilung:	Zweiköpfige Besatzung, Sitze für bis zu 119 Passagiere, zwei Unterflur-Gepäckräume vor und hinter den Tragflächen.
Sonderversion:	**Serie 500:** „Gestreckte" Version, abgeleitet aus der Serie 300/400, mit längerem Rumpf, modifizierten Flügelspitzen und verstärktem Fahrwerk

Links: Die One-Eleven 301AG „G-ATPK" von Dan-Air London im Anflug auf London-Gatwick im Frühjahr 1985. Diese Maschine, Baujahr 1966, flog schon bei Fluggesellschaften, die längst vom Markt verschwunden sind, so z. B. bei British Eagle International Airlines und Laker Airways, aber auch als Geschäftsreisejet von Hughes International. Die hier abgebildete One-Eleven wurde 1991 an die nigerianische Okada Air verkauft und trägt jetzt das Kennzeichen 5N-OMO. Die großen Fowler-Klappen sind zur Landung voll ausgefahren, eine Konfiguration, in der die Überziehgeschwindigkeit dieses Flugzeugs ganze 100 Knoten (182 km/h) beträgt.

Rechts: An den markanten Hushkits und dem Luftauslaß des Hilfsaggregats ist die One-Eleven von ähnlichen zweistrahligen Jets leicht zu unterscheiden. Aus dieser Perspektive wird der längere Rumpf der Serie 500 — der größten gebauten One-Eleven-Version — deutlich. Diese Maschine von British Airways wurde nach ihrem Erstflug im Jahr 1968 an British European Airways ausgeliefert. Die 1-11-500 war nicht nur die größte, sondern mit ihren Triebwerken vom Typ Rolls-Royce Spey 512-14, die jeweils rund 5.700 kg Schub lieferten, auch die leistungsfähigste Version der One-Eleven. Trotz der erhöhten Leistung sorgte jedoch das Hilfsaggregat während des Starts für die Klimatisierung und Druckbelüftung der Kabine. Auf diese Weise wurde vermieden, daß nichts von der benötigten Startleistung durch die Versorgung der Kabine mit Zapfluft aus den Triebwerken verlorenging.

G-AVMI

Oben: Wegen der robusten Konstruktion der One-Eleven war manch ein Betreiber dieses Musters davon überzeugt, daß die Betriebszeit der Maschine verlängert werden konnte, wenn sie nur mit neuen Triebwerken bestückt würde. Ein Beispiel für eine solche Nachrüstung ist diese One-Eleven der Version 401AK, die bei dem in Texas ansässigen Spezialunternehmen Dee Howard im Jahr 1990 neue Triebwerke vom Typ Rolls-Royce Tay erhielt. Seitdem konzentriert sich Dee Howard auf die Ausrüstung von Jets der Serie Boeing 727-100 mit einer anderen Version dieses Triebwerkstyps. Eine komplette Neuauflage der 1-11-500 mit Tay-Triebwerken plant der rumänische Hersteller Romaero. Die Finanzierung hierfür ist zwar noch nicht gesichert, aber immerhin steht der Name des Flugzeugs bereits fest: One-Eleven, Serie 2560. Die von Dee Howard umgebaute Maschine wurde 1966 als N5019 an American Airlines ausgeliefert. Die Fluggesellschaft war von BAC und Douglas umworben worden, wobei Douglas die neue DC-9 anbot, doch American Airlines entschloß sich letztlich für die One-Eleven, weil BAC eine kürzere Lieferzeit zusicherte. 1965 und 1966 kaufte die Airline 30 Maschinen dieses Typs, die sie aber allesamt bis 1972 wieder abgab. Als Ersatz bestellte sie 260 zweistrahlige Jets vom Typ McDonnell Douglas MD-82 bzw. -83, also die unmittelbaren Nachfolgetypen der DC-9! Die N5019 wurde von einer ganzen Reihe von Unternehmen als Geschäftsreisejet eingesetzt, bis sie zur Version One-Eleven 2400 umgebaut wurde. Die modifizierte Maschine, die hier auf der Luftfahrtausstellung in Farnborough im September 1990 zu sehen ist, erhielt unter anderem Ballastgewichte, die in der Flugzeugnase untergebracht sind und das höhere Gewicht der neuen Triebwerke ausgleichen.

Oben rechts: Die unverwechselbare Sud-Aviation SE.210, besser bekannt unter ihrem zur Legende gewordenen Namen „Caravelle“, leitete als erstes Flugzeug mit Hecktriebwerken einen neuen Abschnitt in der Geschichte der Verkehrsluftfahrt ein. Diese Maschine, eine Caravelle 10R von Istanbul Airlines, wurde an einem heißen Tag im August 1987 bei einem Aufenthalt auf dem Flughafen von Istanbul fotografiert. Die TC-AKA war im Juli 1968 als Neuflugzeug an die deutsche Firma „Lufttransport-Unternehmen“ geliefert worden. Die nächsten 18 Jahre verbrachte sie bei verschiedenen deutschen Fluggesellschaften, bis sie 1986 auf Leasingbasis in die Dienste von Istanbul Airlines trat. Im November 1991 endete die Laufbahn der „Kilo Alpha“, als sie ausgemustert und zum Zweck der Ersatzteilgewinnung in Ercan (Zypern) ein-

gelagert wurde. Die 10R war die erste Caravelle-Version, die nicht mit Avon-Triebwerken von Rolls-Royce, sondern mit den leistungsfähigeren JT8D-1-Turbinen von Pratt & Whitney ausgerüstet war, die je 6.350 kg Schub lieferten und ursprünglich für die Boeing 727 entwickelt worden waren.

CARAVELLE 10R, 11 UND SUPER

(Die Spezifikationen lauten ähnlich wie für die auf Seite 110 beschriebene Mk III; sie unterscheiden sich lediglich in den nachstehenden Einzelheiten.)

Länge:	57,12 m (11); 33,01 m (Super)
Gewicht:	Höchstgewicht 52.000 kg (10R), 54.000 kg (11), 56.000 kg (Super); Leergewicht 29.075 kg (10R), 28.841 kg (11), 30.055 kg (Super)
Triebwerke:	Zwei JT8D-7-Zweiwellentriebwerke von Pratt & Whitney mit je 6.350 kg Schub
Flugleistungen:	Maximale Reisegeschwindigkeit (10R, 11) 800 km/h bzw. 835 km/h (Super); Reichweite mit maximaler Zuladung und Reserve 3.455 km (10R), 2.800 km (11) und 2.655 km (Super)
Zuladung:	9.400 kg (10R), 9.095 kg (11), 9.100 (Super); Sitzplätze für 80 (10R), 99 (11) oder 105 Passagiere (Super)
Gebaute Exemplare:	20 (10R), 6 (11) und 22 (Super)

COMPAGNIE DE TRANSPORT AERIEN GENEVE
CTA

SKY JET
F-GHKH

Oben links: Die in der Schweiz registrierte Caravelle 10R „HB-ICO“, aufgenommen im Oktober 1988, rollt zu ihrer Parkposition auf dem Flughafen Zürich-Kloten. Auf diesem Bild wird deutlich, daß der Cockpit- und Nasenbereich der Caravelle die gleiche Form aufweist wie bei der de Havilland Comet. Im hellen Sonnenlicht fallen außerdem die großen Grenzschichtzäune auf den Tragflächen der Caravelle auf, die zur Begradigung der Luftströmung über den nur wenig gepfeilten Caravelle-Flügel dienen. Die zum Zeitpunkt dieser Aufnahme von der Firma Compagnie de Transport Aerien (CTA) betriebene Maschine der Version 10R flog zum ersten Mal im Dezember 1969 und flog noch bis Anfang 1990 bei Air Service Nantes.

Links: Die Caravelle F-GHKM fliegt gewissermaßen dem Sonnenuntergang ihrer Laufbahn entgegen, denn nur sieben Monate nach diesem Foto einer Landung auf der Landebahn 07 links des Flughafens Bristol im April 1991 wurde sie endgültig ausgemustert. Die Maschine flog erstmals 1969 und stand, abgesehen von kurzen Leasingeinsätzen für Air Toulouse International, als OY-STH die meiste Zeit in den Diensten der dänischen Fluggesellschaft Sterling. Ende 1991 wurde sie außer Betrieb genommen und in Kopenhagen eingelagert.

Oben: Die in Frankreich gebaute Caravelle VI-R konnte auch in den USA Markterfolge erzielen. So bestellte United Air Lines 1961 und 1962 gleich eine ganze Flotte dieser Maschinen. Als erste von ihnen nahm die N1001U – Beiname „Ville de Toulouse“ – im Juni 1961 den Flugbetrieb auf; letzter Betreiber dieser Maschine war die Western Geophysical Corporation. Während ihrer Zeit bei UAL bot diese Caravelle 16 Personen in der ersten und 54 in der Economy-Klasse Platz. Das Foto oben zeigt sie im März 1989 auf Goodyear Lichfield in Phoenix (Arizona). Im darauffolgenden Jahr ging sie als Spende an das Luftfahrtmuseum von Pima County, das sich gleich neben dem riesigen militärischen Abstellgelände auf der Air Force Base Davis-Monthan bei Tucson (Arizona) befindet. Die Caravelles der Baureihe 10R waren mit dreiteiligen Hinterkanten-Bremsklappen ausgestattet, die zum Abbau dem Auftriebs beim Landen dienen und nach dem Aufsetzen einen stabilen Bodenkontakt herstellen.

CARAVELLE VI

(Die Spezifikationen sind denen der Mk III ähnlich und unterscheiden sich lediglich in den nachstehenden Einzelheiten.)

Gewicht:	Höchstgewicht 48.000 kg (VI N) bzw. 50.000 kg (VI R); Leergewicht 27.330 kg (VI N) bzw. 28.655 kg (VI R)
Triebwerke:	Zwei Avon-531-Triebwerke (VI N) mit je 5.535 kg Schub bzw. zwei Avon-533R-Triebwerke (VI R) mit je 5.725 kg Schub
Flugleistungen:	Maximale Reisegeschwindigkeit 845 km/h; Reichweite 2.350 km
Zuladung:	8.300 kg
Gebaute Exemplare:	106

SUD-AVIATION SE.210 CARAVELLE III

Typ:	Kurzstrecken-Passagierflugzeug
Spannweite:	34,3 m
Länge/Höhe:	32,01 m/8,72 m
Flügelfläche:	146,7 m^2
Gewicht:	Höchstgewicht 46.000 kg; Leergewicht 24.185 kg
Triebwerke:	In der Originalversion (Mk 1) zwei Einwellenturbinen Rolls-Royce Avon 522 mit je 4.763 kg Schub, in der Version Mk III zwei Turbinen Rolls-Royce Avon 527 mit je 5.170 kg Schub
Flugleistungen:	Höchstgeschwindigkeit im Reiseflug 805 km/h; Reichweite mit maximaler Zuladung und Reserve 1.700 km
Zuladung:	8.400 kg; Sitzplätze für maximal 80 Passagiere
Besatzung:	Zwei oder drei Personen
Gebaute Exemplare:	78 Stück in der Version Mk III, 20 in der Version Mk I und 12 in der Version Mk IA

Diese attraktive Caravelle III, die übrigens heute in Kinshasa (Zaire) langsam verrottet, wurde im Mai 1985 auf dem Pariser Flughafen Le Bourget fotografiert. Im August 1968 war sie als CN-CCT „Tafraout" an Royal Air Maroc geliefert worden; später ging sie durch verschiedene Hände, bis sie von der in Liberia beheimateten Atlantic Aviation Service Corporation übernommen wurde, deren Firmenoutfit hier zu sehen ist.

Die allgegenwärtige Tupolew Tu-134 ist in den Staaten der ehemaligen Sowjetunion und ihren einstigen „sozialistischen Bruderstaaten“ auch heute noch verbreitet im Einsatz. Wie viele andere Länder des Ostblocks unterhielt auch die staatliche bulgarische Fluglinie Balkan eine Flotte, die hauptsächlich aus diesem Muster bestand. Die Maschine oben ist eine Tu-134A-3, aufgenommen bei einer Zwischenlandung auf dem Moskauer Flughafen Sheremetjewo im Sommer 1991. Die LZ-TUZ wird von zwei Triebwerken des Typs Aviadwigatel (früher: MKB) D-30-III angetrieben, die je 6.800 kg Schub liefern. Sie sind mit Schubumkehrschaufeln zur Verkürzung der Landerollstrecke ausgestattet.

Ту-134

Links: Blick in das Cockpit einer Tu-134A. Am auffälligsten dürfte der Tunnel sein, durch den der Navigator kriechen muß, um in die verglaste Flugzeugnase zu gelangen. Diese Besonderheit ist allen frühen sowjetischen Linienjets des Tu-143-Zeitalters gemeinsam und spiegelt nicht nur den gleichermaßen zivilen wie auch militärischen Charakter des Luftverkehrs in der UdSSR wider, sondern ist auch eine Konsequenz aus dem flächendeckenden Mangel an Navigationshilfen, selbst solchen der primitivsten Art. Ebenfalls bemerkenswert ist das sperrig wirkende Autopilotsystem über dem Tunneleingang vor der mittleren Cockpitscheibe. Das große Gerät rechts neben dem Pilotensitz ist ein Wetterradar, dessen Bildröhre nur mit Hilfe eines Lichtschutztubus' betrachtet werden konnte. Das Cockpit gehört zur Tu-134A, die mit dem Kennzeichen DDR-SCK bei der ehemaligen DDR-Staatsfluglinie Interflug im Einsatz war und heute in einem Luftfahrtmuseum in Augsburg ausgestellt ist.

Oben rechts: Ein vertrauter Anblick auf allen russischen Flughäfen – eine Tupolew Tu-134. Dieses Exemplar der Aeroflot steht mit einer geöffneten Triebwerksverkleidung auf dem Flughafen Moskau-Sheremetjewo für die Wartungscrew bereit. Unverkennbares Merkmal aller während des kalten Krieges in den Tupolew-Konstruktionsbüros entstandenen Großflugzeuge ist die negative V-Form der Tragflächen. Die Neigung von 3° gegenüber der Horizontalen kommt auf dieser Aufnahme vom August 1991 gut zum Ausdruck. Die hier gezeigte Maschine ist mit Triebwerken vom Typ Aviadvigatel D-30 II bestückt, die denselben Schub erzeugen wie die in die spätere Tu-133A-3 eingebauten Triebwerke der Version III; allerdings benötigen sie dafür höhere Betriebstemperaturen, was wiederum einen erhöhten Wartungsaufwand bedingt.

TUPOLEW Tu-134

(Die Daten gelten für die Tu-134A)

Triebwerke:	Zwei Aviadvigatel-Turbinen D-30 mit je 6.800 kg Schub
Spannweite:	29,01 m
Gesamtlänge:	37,05 m
Kabine (für Tu-134, nur der bestuhlte Teil):	Länge 13,85 m, Breite 2,71 m, Höhe 1,96 m, Volumen 58,70 m³
Kabinenvol. (Tu-134A):	68,0 m³
Max. nutzb. Volumen (abzüglich Cockpit):	86,10 m³
Gepäckraumvolumen:	Vorn 4,0 bis 6,0 m³, hinten 8,50 m³
Maximale Zuladung:	8.200 kg
Höchstzul. Abfluggew.:	47.000 kg
Max. Reisegeschw.:	In 32.800 Fuß (10.000 m) bei 42.000 kg Fluggewicht 477 Knoten (885 km/h)
Maximale Steigrate:	In Meereshöhe, bei 44.000 kg Fluggewicht 2913 Fuß pro Minute (14,8 m/s)
Dienstgipfelhöhe:	11.900 m bei höchstzulässigem Abfluggewicht
Reichweite:	3.500 km bei 405 Knoten (750 km/h) Reisegeschwindigkeit, 4.000 kg Zuladung, 10.000 m Flughöhe und Treibstoffreserve für eine Stunde Flugzeit
Lastverteilung:	Dreiköpfige Besatzung, Sitze für bis zu 96 Passagiere (nur Economy-Klasse). Ein kleiner Gepäckraum hinter dem Cockpit, ein großer in Höhe der Triebwerke.
Versionen:	
Tu-134:	Erste Version; Gesamtlänge 34,95 m und Sitze für maximal 72 Passagiere
Serie 500:	„Gestreckte" Version (siehe technische Daten), für maximal 96 Passagiere. Verlängerter Rumpf, Schubumkehr, verstärktes Fahrwerk und andere Modifikationen

Oben: Die Aeroflot-Verkehrsflugzeuge konnten im Kriegsfall in kürzester Zeit für den militärischen Flugbetrieb umgerüstet werden. Ein Anhaltspunkt dafür ist auf dem Glareshield dieser Tu-134A zu finden: Die dreiteilige Antenne gehört zum Transceiver des IFF-Systems, einem Freund-Feind-Erkennungssystem (IFF = identification, friend or foe). Das IFF vom Typ SRO-2/2M (NATO-Codename „Odd Rods") ist ansonsten eher bei echten Kampfflugzeugen wie z. B. der Mikojan-Gurewitsch MiG 29 oder der Suchoi Su-27 zu finden. Im Hintergrund rollt eine dreistrahlige Tu-154, die größere Schwester der Tu-134, über das abendliche Rollfeld des Flughafens von St. Petersburg, das 1991 – zum Zeitpunkt dieser Aufnahme – noch Leningrad hieß.

Rechts: Passagiere beim Einsteigen in die Tu-134A „CCCP-65861" von Aeroflot an einem Sommertag 1991 auf dem Flughafen Leningrad-Pulkowo. Diese Maschine wurde später in die Flotte der weißrussischen Fluglinie Belavia übernommen und in Weißrußland neu registriert.

Das erste Düsenverkehrsflugzeug der Sowjetunion war die Tupolew Tu-104. Sie war nach dem gleichen Konzept wie die in Großbritannien gebaute de Havilland Comet konstruiert, wobei die Triebwerke in der Flügelwurzel angeordnet waren um möglichst wenig Luftwiderstand zu erzeugen. Die ersten Exemplare wurden noch von simpel aufgebauten Turbinen des Typs Mikulin AM-3A angetrieben. Die aus dem Tupolew-Bomber Tu-16 (NATO-Codename *Badger*) abgeleitete Tu-104 hatte mit ernsten Problemen zu kämpfen, was die Zuverlässigkeit der Triebwerke und des Druckbelüftungssystems anging. Ein relativ gut erhaltenes Exemplar dieser Baureihe zeigt diese Aufnahme vom Sommer 1991. Es ist gegenüber dem Abfertigungsgebäude des Moskauer Flughafens Wnukowo – leider inmitten von immer mehr Unrat – ausgestellt.

Rechts: Eine sehr alt aussehende Tupolew Tu-104A steht neben einer Iljuschin Il-18 auf dem Freigelände des eindrucksvollen Monino-Flugzeugmuseums vor den Toren Moskaus. Für den Umbau des Tu-16-Bombers zum Passagierflugzeug Tu-104 mußte Tupolew einen neuen, größeren Rumpf mit den gleichgebliebenen Tragflächen und Triebwerken kombinieren. Bei dieser Überarbeitung der Maschine hatten die Tupolew-Konstrukteure nicht vermeiden können, daß die beiden Hauptholme der nach unten geneigten Tragflächen durch den Kabinenraum verliefen. So mußte eine Art „Stufe“ in den Kabinenboden eingebaut werden, was auch von außen an den beiden erhöht angeordneten Fenstern über den Tragflächen erkennbar ist. Für die Beförderung von Eilpost setzte Aeroflot auch Tu-16-Maschinen ain, die nur teilweise zu Zivilmaschinen umgebaut worden waren und als Tu-104G bezeichnet wurde. Gemeinsamer Vorgänger der Tu-104 wie auch der Tu-16 war der Prototyp Tu-88, der im April 1952 zum Erstflug startete.

TUPOLEW Tu-104	
Triebwerke:	Zwei Mikulin-Turbinen AM-3M-500 mit je 9.700 kg Schub
Spannweite:	34,54 m
Gesamtlänge:	40,06 m
Kabine (o. Cockpit, Galley, Toiletten usw.):	Länge 20,12 m, maximale Breite 3,20 m, maximale Höhe 1,95 m
Maximale Zuladung:	12.000 kg
Höchstzul. Abfluggew.:	76.000 kg
Max. Reisegeschw.:	486 Knoten (900 km/h)
Dienstgipfelhöhe:	11.500 m
Reichweite:	2.100 km
Lastverteilung:	Fünfköpfige Besatzung, Sitze für bis zu 100 Passagiere. Zwei große Unterflur-Gepäckräume für maximal 4.000 kg Gepäck oder Luftfracht.
Versionen:	
Tu-104:	Erste, aus dem Tu-16-Bomber abgeleitete Version für maximal 50 Passagiere. Gesamtlänge 38,85 m, Antrieb durch zwei AM-3-Turbinen mit je 6.750 kg Schub
Tu-104A:	Wie Tu-104, jedoch mit überarbeiteter Kabine für maximal 70 Passagiere. Antrieb durch zwei AM-3M-500-Turbinen
Tu-104B:	„Gestreckte“ Version der Tu-104A (siehe technische Daten), mit verlängertem Rumpf für maximal 100 Passagiere

Pan West

RARITÄTEN

Langsam senkt sich der Abend über jede Menge Sand, Gestrüpp und – eine Convair CV-880, die ihr angestammtes Element gegen die Mojave-Wüste in Kalifornien eingetauscht hat, wo sich eine riesige Abstellfläche für ausgediente Düsenflugzeuge befindet. Sowohl die CV-880 als auch deren Nachfolger CV-990 sollten nach den Erwartungen von Convair mit ihren Flugleistungen die Konkurrenten 707 und DC-8 das Fürchten lehren. 1956 gab Convair – heute ein Unternehmen der General-Dynamics-Gruppe – Pläne zur Entwicklung eines Mittelstrecken-Linienjets bekannt, und 1959 startete die erste in San Diego serienmäßig hergestellte Maschine. Die Maschine verfügte über sehr viel Flügelfläche, denn sie sollte hohe Steigraten erreichen. Da die Convair-Konstrukteure der Meinung waren, daß man dieses Platzangebot nicht ungenutzt lassen sollte, brachte man in den Tragflächen Treibstofftanks unter. Diese Maßnahme, so glaubte man bei Convair, würde einen wirtschaftlichen Flugbetrieb auf Strecken zwischen 500 und 5000 km ermöglichen. Doch die Realität sah anders aus: Die CV-880 mit ihrem exzellenten Flugverhalten entwickelte sich aufgrund ihres komplexen Aufbaus zu einem wahren Alptraum für die Mechaniker und verursachte Kosten, die auf die Dauer untragbar waren.

APSA

Eine einsame Convair CV-990 hat sich in diese größte Sammlung noch flugfähiger Convairs vom Typ CV-880 eingeschlichen. Die CV-990 ist an ihrem etwa 3 Meter längeren Rumpf, vor allem aber an den großen stromlinienförmigen Stoßwellen-Kompensationskörpern über den Tragflächenhinterkanten von ihrer Vorgängerin zu unterscheiden. Um das Ziel einer möglichst hohen Reisegeschwindigkeit zu erreichen, rüstete Convair die CV-990 mit leistungsstarken CJ-805-21-Triebwerken von General Electric aus. Als speziell für die CV-880 ausgelegte Version des J79-Triebwerks (mit der kommerziellen Bezeichnung CJ-805-3) wurde die 21-Version in der Convair B-58 „Hustler" eingesetzt, dem damals schnellsten Überschallbomber. Die CV-990 hatte außerdem ein dünneres Flügelprofil als die CV-880 und war prinzipiell in der Lage, eine maximale Reisegeschwindigkeit von 0,91 Mach zu erreichen. Die konstruktiv bedingte absolute Höchstgeschwindigkeit („red line speed") lag sogar bei 0,92 Mach. Leider ergaben aber Versuche im Windkanal, daß im hinteren Flügelbereich Stoßwellen entstanden, die erheblichen Luftwiderstand verursachten. Um diesen Effekt zu unterdrücken, entwickelten die Convair-Konstrukteure die speziellen Strömungskörper — die sogenannten „speed pods" —, die außerdem pro Flügel 600 Gallonen (2270 Liter) zusätzlichen Treibstoff aufnehmen konnten. Bei Convair war man bereits zuversichtlich, die gegenüber American Airlines und Swissair gemachten Leistungszusagen einhalten zu können, als während der ersten Testflüge im Jahr 1961 neue Probleme auftraten. So stellte sich bei hohen Geschwindigkeiten und vollen äußeren Außenlastbehältern ein Flattern der Tragflächen ein. Das bedeutete natürlich eine finanzielle Katastrophe, denn um die Flattererscheinungen zu verhindern, mußten die Triebwerke versetzt werden, was wiederum die Auslieferung enorm verzögerte. So konnten Boeing und Douglas am Markt aufholen, und bei Convair gingen nur ganze 73 Bestellungen für die CV-990 ein. Mehrere CV-880 auf dieser Luftaufnahme vom April 1993 lassen noch die ehemalige TWA-Lackierung erkennen. Der legendäre Multimillionär Howard Hughes, damals Chef dieser Fluggesellschaft, war derart von dem hohen Geschwindigkeitspotential der CV-990 fasziniert, daß er gleich 30 Exemplare orderte.

CONVAIR CV-880

Typ:	Kurz- und Mittelstrecken-Passagierflugzeug
Spannweite:	36,58 m
Länge:	39,42 m
Höhe:	11,07 m
Flügelfläche:	184,4 m^2
Gewicht:	Höchstgewicht 83.689 kg, Leergewicht 38.238 kg
Triebwerke:	Vier CJ-805-3-Einwellenturbinen von General Electric mit je 5.080 kg Schub, (CV-880M: CJ-805-3-Triebwerke mit je 5.284 kg Schub)
Flugleistungen:	Reiseflug für niedrigsten Treibstoffverbrauch 895 km/h; Reichweite mit maximaler Zuladung 5.120 km (CV-880M)
Zuladung:	9.752 kg; für maximal 110 Sitze
Besatzung:	Drei oder vier Personen
Gebaute Expl.:	63

Ein trauriger Anblick: Eine ausgebrannte Convair CV-880 in der tropischen Sonne von San Juan (Puerto Rico), wo sie als Übungsobjekt für die Flughafenfeuerwehr dient. Die CV-88022M-3 wurde im Juli 1963 als „Yanagi" mit dem Kennzeichen JA8026 an Japan Airlines ausgeliefert. Danach flog sie bei einer Reihe von Besitzern, bis sie im August 1981 als „La Isla del Encanto" zu Profit Airlines kam. 1985 wurde sie ausgemustert und in San Juan eingelagert, doch selbst 1988, als diese Aufnahme entstand, waren noch Reste der letzten Airline zu erkennen. Was aus dieser Perspektive gut zu erkennen ist, sind die aus gesintertem Wolfram hergestellten Gegengewichte am Seitenruder. Das über einen Servoantrieb betätigte Seitenruder der CV-990 war sogar mit Gegengewichten aus Uran bestückt, da Uran eine um 165 Prozent höhere Dichte hat als andere schwere Werkstoffe wie z. B. Blei. Dementsprechend wurde in den Convair-990-Handbüchern der damaligen Zeit auch eigens auf die Seitenruder-Ausgleichsgewichte hingewiesen. Dort hieß es: „Die Gewichte sind mit der Aufschrift CAUTION – RADIOACTIVE MATERIAL gekennzeichnet, können aber völlig gefahrlos gehandhabt werden."

Das Ende war für diese Convair CV-990 nicht weit, als sie dem Fotografen im März 1988 in Fort Lauderdale (Florida) vor die Linse kam. Leider konnte auch ihre letzte Besitzerin, die Firma „Christ is the Answer Inc.“, trotz ihres sinntragenden Namens die Maschine nicht vor dem Schneidbrenner bewahren, und so wurde die N990E knapp zwei Jahre später in Florida zerlegt. Das Flugzeug war im Februar 1962 an American Airlines ausgeliefert worden, wurde aber schon fünf Jahre später an den ersten einer Reihe von Besitzern verkauft. AA hatte ursprünglich 25 Maschinen vom Typ CV-990 bestellt, dann aber doch nur 20 Stück abgenommen, nachdem sich Probleme mit den zugesagten Flugleistungen gezeigt hatten. Und von den 20 Maschinen kaufte American 15 nur unter dem Vorbehalt, daß der Hersteller eine Reisegeschwindigkeit von 584 mph garantierte; weitere fünf wurden bestellt, nachdem Convair zugesichert hatte, diese Flugzeuge so modifizieren zu können, daß sie eine Reisegeschwindigkeit von 620 mph erreichten. Damit flogen sie ebenso schnell wie die Boeing-Typen 707 und 720, die American Airlines ebenfalls betrieb, boten aber weniger Transportkapazität und hatten einen deutlich höheren Treibstoffverbrauch als jedes der Boeing-Muster. American trennte sich später von allen CV-990 bis auf eine, und die war bei einem Brand auf dem Flughafen von Newark (New Jersey) im Jahr 1963 zerstört worden.

Bis weit in die achtziger Jahre hinein war die Convair CV-990 auch in Europa ein vertrauter Anblick, was sie der spanischen Charterfluggesellschaft Spantax zu verdanken hatte, die insgesamt 14 Gebrauchtflugzeuge dieses Musters unterhielt. Die EC-BZO, die im gedämpften Licht eines Spätnachmittags im November 1986 von Exeter im englischen Devon zu einem ihrer letzten Charterflüge startet, zieht Randwirbel hinter sich her, die durch den Druckausgleich an den Flügelspitzen entstehen. Die CV-990 im Foto oben wurde 1962 als N5618 an American Airlines ausgeliefert und flog später für die libanesische Fluglinie MEA. Dieser in Beirut ansässige Carrier verkaufte sie im Oktober 1971 an American zurück und übernahm statt dessen von AA eine Boeing 720B. Drei Monate danach wurde die Convair an die Chartergesellschaft Spantax verkauft, die sie 1988 dem Cuatro Vientos Museo del Aire als Spende überließ. Wie stabil die Convair CV-990 war, bewies 1973 die EC-BJC, eine Spantax-Schwestermaschine, die während eines Streiks der französischen Fluglotsen mit einer DC-9 von Iberia zusammenstieß: Die CV-990 verlor ein sechs Meter langes Teilstück einer Tragfläche und konnte – im Gegensatz zur DC-9 – dennoch sicher landen.

CONVAIR CV-990	
Typ:	Mittelstrecken-Passagierflugzeug
Spannweite:	36,58 m
Länge:	42,43 m
Höhe:	12,04 m
Flügelfläche:	209 m^2
Gewicht:	Höchstgewicht 114.760 kg, Leergewicht 54.840 kg
Triebwerke:	Vier CJ-805-23C-Turbinen von General Electric mit je 7.280 kg Schub
Flugleistungen:	Maximale Reisegeschwindigkeit 990 km/h; Reiseflug für niedrigsten Treibstoffverbrauch 895 km/h; Reichweite mit maximaler Zuladung und Reserve 6.115 km
Zuladung:	11.992 kg; Sitzplätze für 149 Passagiere (beim Spantax-Chartereinsatz)
Besatzung:	Vier Personen
Gebaute Exemplare:	37

Mit diesem Jet fing alles an. Die revolutionäre Comet von de Havilland war das erste Düsenverkehrsflugzeug der Welt und flog erstmals im Juli 1949. Doch verschaffte sie der britischen Luftfahrtindustrie keineswegs einen unerreichbaren Vorsprung auf dem Gebiet der Zivilluftfahrt, sondern mußte vielmehr den Preis für ihre Pionierleistung auch noch selbst zahlen. So gingen 1954 gleich zwei Maschinen des Typs Comet 1 aus der Serienfertigung im Werk Hatfield – die Werknummern 3 und 11 – infolge von explosionsartigen Druckabfällen in großer Höhe verloren, was auf das damals noch weitgehend unerforschte Phänomen der Materialermüdung zurückzuführen war. Von diesen Rückschlägen erholte sich das Comet-Programm nie mehr vollständig, während die Konkurrenten von de Havilland – Boeing und Douglas – wertvolle Erkenntnisse aus ihnen ziehen konnten. Eine der wenigen Comets, die es heute noch gibt, befindet sich – Ironie des Schicksals – auf dem Boeing-Werksgelände in Everett, wo die Muster 747, 767 und 777 gebaut werden. Die Comet 4C auf dem Foto rechts trägt zwar die Lackierung von BOAC, doch bei der britischen Fluglinie ist sie niemals geflogen. Sie ging 1959 als Neuflugzeug an Mexicana, wo sie von 1960 bis 1970 als „Golden Aztec" mit dem Kennzeichen XA-NAS im Liniendienst eingesetzt wurde. Nach mehreren Besitzerwechseln gelangte sie im Januar 1980 zum Paine Field in Everett im Nordwesten der USA, wo sie seither auf dem Freigelände abgestellt ist. Das Foto entstand an einem regnerischen Tag im Frühjahr 1989. Ein direkter „Nachfahre" der Comet fliegt allerdings heute noch: Die Nimrod von British Aerospace wird von der Royal Air Force zur U-Boot-Abwehr und als Plattform für die elektronische Aufklärung eingesetzt.

HAWKER SIDDELEY COMET 4

Triebwerke:	Vier Turbinen vom Typ Rolls-Royce Avon RA29 Mk525B mit je 4.763 kg Schub
Spannweite:	35,00 m
Gesamtlänge:	35,97 m
Kabine (o. Cockpit):	Länge 24,13 m, maximale Breite 2,92 m, maximale Höhe 2,00, Volumen 89,5 m^3
Frachträume:	Hinten 5,38 m^3, Unterflur-Frachtraum vorn 6,32 m^3, Unterflur-Frachtraum hinten 6,97 m^3
Zuladung:	10.400 kg
Höchstzul. Abfluggew.:	73.500 kg
Mittlere Reisegeschw.:	In 31.000 Fuß (9.450 m) Höhe 471 Knoten (872 km/h)
Reichweite:	Ohne Windeinfluß, einschließlich Reserve und mit 8.900 kg Zuladung 4.168 km
Lastverteilung:	Vierköpfige Besatzung, Sitze für bis zu 101 Passagiere
Versionen:	
Comet 4:	Gestreckte Version (jedoch mit standardmäßiger Spannweite) der früheren Comet-Versionen 1, 2 und 3; Rumpflänge 33,98 m, mit Sitzen für maximal 97 Passagiere. Antrieb durch zwei Turbinen Avon Mk 524
Comet 4B:	Version mit geringerer Spannweite (32,87 m) und längerem Rumpf (35,97 m), mit Sitzen für maximal 101 Passagiere. Antrieb durch zwei Turbinen Avon Mk 525B
Comet 4C:	Kombination der Comet-4-Tragflächen mit den Triebwerken und dem langen Rumpf der Comet 4B (siehe Daten). Wurde in 5 Exemplaren auch für die RAF gebaut; zwei davon wurden zu Nimrod-Prototypen umgerüstet.

VICKERS VC10	
Typ:	Langstreckenflugzeug für die Passagier- und Frachtbeförderung
Spannweite:	42,72 m (1100); 44,55 m (1101/1106)
Länge:	48,38 m
Höhe:	12,04 m
Flügelfläche:	264,9 m^2 (1100/1101); 272,8 m^2 (1102/1109)
Gewicht:	Höchstabfluggewicht 142.430 kg (Zivilversion); 146.510 kg (RAF-Version 1109); Leergewicht typisch 66.670 kg
Triebwerke:	Vier Zweiwellenturbinen Rolls-Royce Conway mit je 9.240 kg Schub (Zivilversion) bzw. vier Conway 301 mit je 9.888 kg Schub (RAF-Version)
Flugleistungen:	Höchstgeschwindigkeit im Reiseflug 914 km/h; Reiseflug für niedrigsten Treibstoffverbrauch 886 km/h; Reichweite mit maximaler Zuladung und ohne Reserve 8.115 km (Zivilversion) bzw. 6.275 km (RAF-Version)
Zuladung:	In der Zivilversion typisch 18.039 kg, in der RAF-Version 26.030 kg; Sitze für bis zu 151 Passagiere
Besatzung:	Drei bis fünf Personen
Gebaute Exemplare:	32

Die britische Vickers VC10 wurde auf der Grundlage eines BOAC-Pflichtenheftes für einen Langstreckenjet entwickelt, der für Nonstopflüge zwischen Großbritannien und Ostafrika einsetzbar sein sollte. Um auch der zusätzlichen Forderung nach rasantem Startverhalten gerecht zu werden, ordnete Vickers die vier Triebwerke am Heck an, so daß die Tragflächen „sauber", also ohne aerodynamisch störende Komponenten und mit möglichst wirksamen Auftriebselementen ausgelegt werden konnten. Das Ergebnis war ein elegantes Flugzeug mit hohem T-Leitwerk und großflächigen Flügeln. Nachteilig allerdings war neben einem erhöhten Luftwiderstand im Heckbereich eine schwere Flügelstruktur, die erforderlich war, um der Durchbiegung im Flug zu begegnen, der die Triebwerke ja entgegenwirken, wenn sie an den Tragflächen aufgehängt sind. Die ausgezeichneten Leistungen der VC10 bei Start und Landung, verbunden mit ihrer großen Reichweite, machten das Flugzeug zu einem geeigneten Transporter für die Royal Air Force, dessen Transport Command 14 Exemplare der Version 1106 beschaffte. Eine dieser Maschinen, die XR808, ist hier mit ausgefahrenen Vorflügeln beim Überfliegen ihrer Heimatbasis RAF Brize Norton in Oxfordshire zu sehen. Die VC10 wurde in den zwei Grundversionen Standard und Super gebaut. Für die Royal Air Force entstand jedoch eine Kombination aus beiden mit Rolls-Royce-Conway-Triebwerken Rco.43, dem Seitenflossentank der Super VC10 und den kleineren Gesamtabmessungen der Standardversion (1102). Die VC10 auf dem Foto oben trägt den Beinamen „Kenneth Campbell VC" und wurde am 7. Juli 1966 an die RAF ausgeliefert. Später ging sie in der größten VC10-Flotte auf, die es je gab, als die Royal Air Force VC10-Maschinen der Versionen Super und Standard aufkaufte, die zuvor im Liniendienst bei BOAC (der Vorgängergesellschaft der heutigen British Airways), Gulf Air und East African Airways geflogen waren, um sie zu Tankflugzeugen umzubauen.

Die VC10 war das letzte Flugzeug, das vollständig in Weybridge gefertigt und montiert wurde und stand damit am Ende einer fünfzigjährigen Flugzeugbautradition von Vickers. Grund genug, um dem nahegelegenen Brooklands-Museum eine VC10 als Exponat zu überlassen. Die Maschine – eine A40-AB – ist eine VC10 der Version 1103 und startete im Oktober 1964 zum Erstflug. Nach zehn Jahren Liniendienst bei British United Airways (später „British Caledonian Airways") kaufte sie 1974 die Regierung von Oman. 1987 wurde sie dem Museum gestiftet.

BAC SUPER VC10	
Typ:	Langstrecken-Passagierflugzeug (1154: Kombiversion für Passagiere und Fracht)
Spannweite:	44,55 m
Länge:	52,32 m
Höhe:	12,04 m
Flügelfläche:	272,4 m^2
Gewicht:	Höchstgewicht 151.950 kg; Leergewicht 71.940 kg
Triebwerke:	Vier Zweiwellenturbinen Rolls-Royce Conway 550 mit je 9.888 kg Schub
Flugleistungen:	Höchstgeschwindigkeit im Reiseflug 935 km/h; Reiseflug für niedrigsten Treibstoffverbrauch 886 km/h; Reichweite mit maximaler Zuladung und ohne Reserve 7.600
Zuladung:	In der Passagierversion (1151) 22.860 kg, in der Kombiversion für Passagiere und Fracht (1154) 27.360 kg; Sitze für bis zu 187 Passagiere
Besatzung:	Drei bis fünf Personen
Gebaute Exemplare:	22

Rechts: An die Aeronautical Society in London gewandt, fragte ein Iljuschin-Konstrukteur sein sachkundiges Publikum im Glasnost-Zeitalter, ob man irgendeine Ähnlichkeit zwischen der Il-62 und der VC10 erkenne. „Nachahmung ist die aufrichtigste Form der Schmeichelei", so seine Erklärung für die Abstammung des Airliners mit dem NATO-Codenamen *Classic.* Die Il-62 bildete das Rückgrat der Aeroflot-Langstreckendienste in den sechziger Jahren. Das Flugzeug, das von vier Kusnetsow-Turbinen vom Typ NK-8-4 angetrieben wird, kann bei voller Ausnutzung der Treibstoffkapazität bis zu 186 Passagiere über Entfernungen von maximal 6.700 km befördern. Ein individuelles Merkmal der Il-62, das man bei praktisch keinem Linienjet westlicher Herkunft antrifft, ist die Betätigung der Schubumkehr noch im Flug unmittelbar vor der Landung. Die Schubumkehrvorrichtungen der äußeren Triebwerke werden ausgelöst, wenn sich das anfliegende Flugzeug der Landebahnschwelle nähert. Auf diese Weise wird zum einen die Landung vereinfacht, zum anderen verkürzt sich dadurch die Landerollstrecke. Durch Verbesserungen an späteren Ausführungen, den Versionen Il-62M und MK, konnte die maximale Passagierzahl auf 195 erhöht werden. Die 1966 gebaute CCCP-86670 steht heute im Monino-Museum neben einer Li-2 (einem russischen Lizenzbau der DC-3). Wie die VC10, so waren auch bei der Il-62 mit ihrem T-Leitwerk und den am Heck angeordneten Triebwerken enge Schwerpunktgrenzen einzuhalten, insbesondere beim Handling am Boden. Aus diesem Grund statteten die Konstrukteure die Maschine mit einem an einem hydraulischen Federbein angeordneten Zwillingsrad aus, das zum Abstützen des hinteren Rumpfbereichs beim Be- und Entladen diente.

ILJUSCHIN Il-62

(Daten gelten für die Il-62M)

Triebwerke:	Vier Solowjew-Turbinen D-30KU mit je 11.500 kg Schub
Spannweite:	43,20 m
Gesamtlänge:	53,12 m
Kabine:	Maximale Kabinenbreite 3,49 m, maximale Kabinenhöhe 2,12 m, Kabinenvolumen 163 m^3
Gesamtvolumen der druckbelüfteten Zelle:	396 m^3
Frachtraumvolumen:	Zwei Unterflur-Frachträume mit zusammen 39,1 m^3 Vol., ein Frachtraum im hinteren Rumpfabschnitt mit 5,8 m^3
Höchstzul. Zuladung:	23.000 kg
Höchstzul. Gesamtgew.:	165.000 kg
Normale Reisegeschw.:	850-900 km/h
Normale Reiseflughöhe:	33.000 bis 39.000 Fuß (10.000 bis 12.000 m)
Reichweite:	Mit maximaler Zuladung einschließlich Reserven 8.000 km
Lastverteilung:	Fünfköpfige Besatzung, Sitze für bis zu 186 Passagiere. Unterflur-Gepäckraum im vorderen Rumpfabschnitt mit neun Frachtcontainern zu je 45 kg Leergewicht, 600 kg Zuladung und 1,6 m^3 Volumen. Unterflur-Gepäckraum im hinteren Rumpfabschnitt für fünf ähnliche Container; außerdem zwei Gepäckräume für normale Fracht.
Versionen:	
Il-62:	Erste Version aus der Serienproduktion (für maximal 186 Passagiere), mit Kusnetsow-Turbinen vom Typ NK-8-4 zu à 10.500 kg Schub
Il-62M:	Version für längere Strecken (siehe technische Daten), mit anderen Triebwerken, Schubumkehrvorrichtungen, zusätzlichem Treibstofftank in der Seitenflosse, überarbeiteter Kabinenaufteilung und anderen Modifikationen
Il-62M:	Il-62M-Version mit höheren Gewichtsgrenzen sowie Sitzen für bis zu 195 Passagiere

CLEARED FO
Das neue flieger magazin mit noch mehr
Format
Infos
Service
Freizeitangeboten!
ausführlicher – praxisnah – farbiger
flieger magazin
So startet man vom Eis
Wellengebiete im Vergleich
Aus dem Flieger auf die Piste
Ausritt auf dem wilden Blechgaul
JETZT:
Mehr Format
Mehr Farbe
Mehr Information
Barron-Hilton-Cup
Im Cañon ist die Hölle los

R TAKE-OFF!
Kommen Sie mit! Und bestellen Sie das neue flieger magazin jetzt im günstigen Schnupper-Abo mit drei Ausgaben für nur 15,– DM.
Abo-Hotline: 0130/837596
Widerrufsgarantie: Diese Vereinbarung können Sie innerhalb einer Frist von 1 Woche nach Eingang Ihrer Bestellung beim fliegermagazin-Leserservice widerrufen. Zur Wahrung dieser Frist genügt die rechtzeitige Absendung des Widerrufs an den fliegermagazin-Leserservice, dsb Abo-Betreuung GmbH in D-74168 Neckarsulm. Das Angebot kann ich nur einmal im Jahr in nutzen; die Zeitschrift wurde in den letzten 3 Monaten nicht an meine Adresse geliefert.